Le jour où je me suis enfin aimée

Le jour où je me suis enfin aimée

Des histoires pour vous inspirer et vous guider à vous faire confiance, à révéler et à aimer la belle personne que vous êtes.

Sylviane Cannio

Dépôt légal : juin 2022

ISBN : 9798843806385

Site internet auteur : www.canniocoaching.org

A Jason, mon petit garçon devenu un homme accompli.

A Maggy et Monique L, mes amies de toujours.

A tous ceux qui me font confiance et croient en moi.

Merci d'être dans ma vie.

Attribution

C'est en 2013 que j'ai découvert le poème « As I began to love myself » (Le jour où je me suis aimé pour de vrai) sur internet. Il était attribué à Charlie Chaplin, qui l'aurait écrit et/ou lu à l'occasion de son 70e anniversaire. Ce texte était merveilleux, extrêmement inspirant et m'a littéralement prise aux tripes. Quelques mois plus tard est venue l'idée de concevoir un livre architecturé autour des strophes dudit poème. Le thème me parlait tellement fort : j'avais eu tant de mal à apprendre à m'aimer « pour de vrai ».

Il fallait d'abord que je confirme l'attribution du poème et pour cela, je fis appel à un avocat spécialisé en droits d'auteur. Je devais en avoir le cœur net : pouvais-je utiliser le poème dans ce livre ?

L'avocat a donc appelé la Fondation Chaplin qui lui a confirmé que le poème n'avait pas été écrit par le chantre du cinéma muet. Enquêtant de manière plus approfondie, il a découvert qu'il s'agissait d'une traduction anglaise, elle-même tirée d'une traduction portugaise d'un livre intitulé *When I Loved Myself Enough* écrit par Kim McMillen (1917-1969) et publié après son décès par sa fille Alison McMillen. Kim était écrivaine, enseignante et consultante en développement organisationnel et aumônière bénévole à l'hôpital communautaire de Boulder, dans le Colorado (États-Unis).

Le contenu a été écrit par Kim pour sa fille Alison (Ali), et Ali l'a publié sous forme de livre pour honorer la mémoire de sa mère. On ne sait pas comment le « poème de Chaplin » et le livre de McMillen peuvent être liés, si tant est qu'ils le soient, mais les concepts sont très similaires, et j'ai souhaité leur rendre hommage.

Introduction

Ce n'est pas un hasard si ce livre se trouve entre vos mains. Vous êtes au bon endroit, au bon moment, sur le chemin de l'amour, et celui-ci commence par vous apprendre à vous aimer vous-même pour que vous puissiez aimer les autres de façon totalement authentique.

J'aurais aimé titrer ce livre comme la traduction française du titre du poème de Kim McMillen, *Le jour où je me suis aimé pour de vrai* mais le docteur canadien Serge Marquis l'a utilisé en 2017 pour son magnifique roman éponyme. J'ai donc paraphrasé le titre français du poème pour m'en rapprocher le plus possible.

Mon objectif ? Permettre à ma modeste histoire et à celles de mes clients de vous fournir l'inspiration, la compréhension et les conseils pratiques qui pourront vous aider à apporter les changements significatifs que vous souhaitez dans votre vie.

Loin de moi l'idée d'écrire des mémoires ou de parler de moi de façon trop nombriliste : j'ai simplement voulu partager la quête qui aura pris quasiment toute ma vie en espérant que vous serez beaucoup, vraiment beaucoup plus rapide que moi !

Quant au contexte : oui, je suis née dans un milieu aisé et cultivé. Oui, les fées se sont penchées sur mon berceau en m'accordant trois dons précieux : la capacité à m'enthousiasmer et à déployer de l'énergie pour des projets intéressants, la capacité à aller de A à Z, de la conception à la mise en œuvre et à l'évaluation de ces projets, et enfin la capacité à pardonner. Beaucoup d'entre vous bénéficient de ces aptitudes, bien sûr. Le tout est de parvenir à en déployer toutes les facettes avec le plus d'aisance possible.

Mon engagement envers vous est double :

(1) Sensibiliser à l'importance de la conscience personnelle, de l'acceptation et du respect de soi comme clés d'une vie ayant plus de sens et qui soit plus enthousiasmante et épanouissante ;

(2) Démontrer les bénéfices du coaching et la manière dont il peut être un moyen de transformation personnelle.

Qui suis-je pour parler d'amour inconditionnel de soi ?

Maître coach certifiée par les deux grandes fédérations internationales de coaching (ICF[1] et EMCC-Global), j'embrasse cette profession magnifique depuis la fin des années 90 de façon conscientisée et professionnelle mais en fait de façon innée depuis mon adolescence. Mes études m'ont menée vers les sciences économiques et les sciences politiques (relations internationales et administration publique).

[1] ICF : International Coaching Federation – www.coachfederation.org
EMCC : European Mentoring & Coaching Council – www.emccglobal.org

Après une carrière multiple – cadre marketing, journaliste, copywriter, professeur à l'université, consultant, écrivain – je me suis tournée vers le coaching et le mentorat. Mes passions d'aujourd'hui.

Depuis 2006, j'ai créé et contribué au développement de trois écoles de coaching en Europe. Aujourd'hui, je suis en train de développer une joint-venture de mentorat en Chine et divers projets de formation pour les futurs superviseurs de coachs et pour les maîtres coachs. Et je continue à travailler en tant que mentor et coach, sans projet de retraite à l'horizon. Je viens d'ailleurs d'être nommée présidente d'une association sans but lucratif, GO-TKM, qui s'occupe de la transmission des connaissances tacites dans le monde, notamment via le mentorat. Cela me motive d'autant plus que je fais partie de la génération des baby-boomers qui sont en train de quitter les organisations avec leur expertise et leurs secrets... mais en laissant la planète en bien mauvais état (www.go-tkm.org). J'envisage seulement un meilleur aménagement de mon temps – pourquoi devrais-je laisser tomber cette passion qui m'anime tant ?

L'apprentissage et le développement continus sont pour moi une façon d'être. Si je peux contribuer à diffuser l'amour des autres et de soi, j'aurai réussi ma vie. C'est pour cela que je publie régulièrement des livres, je prends mon bâton de pèlerin et je diffuse mon message lors de conférences et de séminaires/webinaires partout où le vent me mène.

Côté personnel, j'ai lutté depuis ma plus tendre enfance contre des problèmes d'estime de soi et de poids. J'en ai beaucoup souffert. Mais j'ai trouvé les ressources internes et externes pour m'en sortir et c'est cela, précisément, que je souhaite partager avec vous.

Mes autres livres traitent de coaching, de mentorat, de communication authentique. Ce sont des ouvrages techniques. Celui-ci dévoile ma vie. C'est un risque important, j'en suis bien consciente, et c'est pour cela que mon projet a été retardé de plusieurs années car j'étais encore liée à une école de coaching soucieuse du maintien de sa réputation. Aujourd'hui, j'assume la pleine responsabilité de ce que je partage dans ce texte.

J'y ai d'ailleurs été préparée par mon superviseur, mentor et amie Fran Fisher, maître coach à laquelle j'ai posé cette question : « Peux-tu me dire avec le plus de franchise possible si mes propos te paraissent authentiques, sans jugement et simplement opportuns et utiles pour le lecteur ? ». Cette question a également été posée à deux journalistes et auteurs américaines qui ont scruté la version anglaise. Quant à la version française, je l'ai fait relire par deux coachs que je sais authentiques et honnêtes – Dionysia Lagiou et Ludmila Kostandova – de même que par mon fils Jason et le reste de ma famille. Mon objectif était de tester leur perception de mes histoires pour qu'elles puissent réellement « servir la cause » et non mon ego.

À qui s’adresse ce livre ?

J’ai écrit ce livre en espérant pouvoir aider le plus de personnes possible à apprendre à s’aimer. Mon objectif est de vous servir : j’aurais adoré le lire quand j’étais adolescente, par exemple...

Le poème de Kim McMillen m’a permis de dérouler ma vie en la déclinant sur des thèmes évoqués dans chaque strophe. Il est aussi truffé d’exemples provenant de mon expérience en tant que mentor et coach auprès de personnes inspirantes qui ont fait preuve d’héroïsme face à leurs propres adversité, défis et opportunités de croissance.

Ce livre est donc destiné à toute personne qui cherche à donner une dimension authentique à sa vie.

Il intéressera également les mentors et les coachs – débutants ou non – et les professionnels de la santé physique ou mentale, les consultants, les avocats, les magistrats, les professeurs, les personnes engagées dans la politique, tous les travailleurs au sens large – employés et indépendants – ainsi que les parents qui doivent encadrer le développement de leur(s) enfant(s).

La structure du livre

L’ouvrage est organisé autour du poème de Kim McMillen. Chaque strophe représente un chapitre sur l’apprentissage de l’amour de soi. Les chapitres sont ponctués par des « clins d’œil du coach » qui sont des trucs et astuces rapides pour vous exercer au thème proposé.

Une série de questions d'autoréflexion réalisée en collaboration avec Fran Fisher conclut chaque partie.

Les chapitres suivent un ordre chronologique que je vous invite à respecter pour une meilleure compréhension de l'ensemble.

Enfin, vous trouverez plusieurs éléments en annexe : une définition du coaching et de son fonctionnement et aussi quelques outils de coaching que vous pourrez facilement mettre en pratique.

Je vous souhaite une lecture apaisante et pleine de douceur.

Le jour où je me suis aimé pour de vrai

Kim McMillen

Le jour où je me suis aimé pour de vrai,
j'ai pu percevoir que mon anxiété et ma souffrance émotionnelle,
n'étaient rien d'autre qu'un signal lorsque je vais à l'encontre de mes convictions.
Aujourd'hui, je sais que ça s'appelle **Authenticité.**

Le jour où je me suis aimé pour de vrai,
j'ai commencé à percevoir l'abus dans le fait de forcer une situation, ou une personne,
dans le seul but d'obtenir ce que je veux, sachant très bien que ni la personne ni moi-même ne sommes prêts et que ce n'est pas le moment.
Aujourd'hui, je sais que ça s'appelle **Respect**.

Le jour où je me suis aimé pour de vrai,
j'ai cessé de vouloir une vie différente
et j'ai commencé à voir que tout ce qui m'arrive contribue à ma croissance personnelle.
Aujourd'hui, je sais que ça s'appelle **Maturité**.

Le jour où je me suis aimé pour de vrai,
j'ai compris qu'en toutes circonstances,
j'étais à la bonne place, au bon moment.
Et, alors, j'ai pu me relaxer.
Aujourd'hui, je sais que ça s'appelle **Estime de soi.**

Le jour où je me suis aimé pour de vrai, j'ai arrêté de me voler mon propre temps et de faire des mégaprojets pour l'avenir.
Aujourd'hui, je ne fais que ce qui m'apporte joie et bonheur,
les choses que j'aime,
quand ça me plaît et à mon rythme.
Aujourd'hui, je sais que ça s'appelle **Simplicité**.

Le jour où je me suis aimé pour de vrai,
j'ai commencé à me libérer de tout ce qui ne m'était pas salutaire,
personnes, situations, tout ce qui baissait mon énergie.
Au début, ma raison appelait ça de l'égoïsme.
Aujourd'hui, je sais que ça s'appelle **Amour de Soi**.

Le jour où je me suis aimé pour de vrai,
j'ai cessé de chercher à toujours avoir raison et depuis,
j'ai eu moins souvent tort.
Aujourd'hui, j'ai découvert qu'il s'agissait de **l'Humilité**.

Le jour où je me suis aimé pour de vrai,
j'ai cessé de revivre le passé et de me préoccuper de l'avenir.
Aujourd'hui, je vis au présent, là où toute la vie se passe.
Aujourd'hui, je vis une seule journée à la fois, et ça s'appelle **Plénitude**.

Le jour où je me suis aimé pour de vrai,
j'ai compris que mon mental pouvait me tromper et me décevoir.
Mais quand je l'ai mis au service de mon cœur,
il est devenu un allié très précieux.

Aujourd'hui, j'appelle cette connexion **Sagesse du Cœur.**

Nous n'avons plus à craindre les disputes, les confrontations ou tout autre type de problème avec nous-mêmes ou avec les autres. Même les étoiles se heurtent, et de leur collision naissent de nouveaux mondes.

Aujourd'hui, je sais que **C'est la « Vie » !**

Comment aller plus loin ?

Merci d'avoir choisi puis ouvert ce livre.

Vous allez faire toute une série de découvertes, notamment des techniques, que je vous souhaite très utiles.

Si vous souhaitez encore mieux ancrer les apprentissages de ce livre, je vous invite à visiter mon site internet www.canniocoaching.org/ma-valeur-personnelle/ où vous découvrirez une série de clips vidéo qui composent le thème :

"Mini-cours vidéo : 7 jours pour redécouvrir votre valeur personnelle"

Plus à ce sujet à la fin de ce livre... Belle lecture !

Authenticité

Le jour où je me suis aimé pour de vrai[2],
j'ai pu percevoir que mon anxiété et ma souffrance émotionnelle
n'étaient rien d'autre qu'un signal lorsque je vais à l'encontre de mes convictions.
Aujourd'hui, je sais que ça s'appelle Authenticité.

En 2006, une collègue m'a lancé : « Qui es-tu pour parler d'authenticité ? Moi, je ne te trouve pas vraiment authentique. » Cela m'a vraiment blessée car à l'époque, j'étais en train d'écrire un livre sur la communication authentique. Mon écriture fut stoppée net ; j'avais perdu confiance en moi et m'étais laissé polluer par ce jugement que je trouvais injuste. Bien sûr, je ne pouvais prétendre *agir* de façon authentique à 100 % – il y a des situations où cela est même fortement déconseillé, par exemple quand on se retrouve face à un manipulateur – mais je pouvais quand même, en âme et conscience, me targuer d'*être* authentique. Amalgamer mes actions (agir) à mon identité (être) n'était ni justifié ni juste. Qu'à cela ne tienne ! Mon livre a gagné en recul et en maturité et il a finalement été publié trois années plus tard, à un moment tout à fait propice.

---

[2] As I began to love myself, I found that anguish and emotional suffering are only warning signs that I was living against my own truth. Today, I know, this is "AUTHENTICITY."

Aujourd'hui, la question me taraude encore : comment se fait-il que j'aie attiré plusieurs personnes, dans le domaine professionnel et privé, qui se sont avérées non authentiques et trompeuses ? Il a fallu du temps – et ces expériences négatives – pour trouver la réponse. Il a surtout fallu que j'apprenne à ne pas rechercher la reconnaissance externe, la sécurité émotionnelle et l'illusion d'une voie commune. À présent, j'ose toujours m'associer dans des projets professionnels et je sais dorénavant que je ne crée ni une famille ni un cocon d'amour fraternel mais bien un business.

Mes associations présentes sont internationales, avec plusieurs actionnaires, et sont uniquement à caractère business quoique très amicales, apprenantes et joyeuses. J'ai arrêté de m'illusionner à propos du cocon émotionnel que je tentais de créer à travers ces entreprises. Deux d'entre elles ont d'ailleurs été reprises par des familles qui n'ont jamais ouvert leur actionnariat.

Mon intuition était toujours juste au premier regard, lors de la proposition ; elle me disait de rester alerte et sceptique. Puis mon mental m'invitait, me dictait de donner sa chance au projet et à la personne – j'entrais dans un processus soporifique. À trois reprises au niveau professionnel et à deux reprises au niveau privé, je me suis laissé endormir par des propositions alléchantes qui, finalement, m'apprenaient que le ou la partenaire s'était plutôt servi de moi pour ses ambitions propres ou celles dictées par l'attention portée à sa propre famille.

Une situation qui, à chaque reprise, m'a laissée amère à court terme et, une fois le deuil terminé, pleine de gratitude pour les apprentissages et le saut quantique que ces partenariats m'avaient permis de réaliser.

En effet, si au moment de la rupture, la souffrance émotionnelle était profonde, avec le temps, j'ai remarqué que ces expériences m'avaient fait grandir. Comme le dit la chanson d'Edith Piaf : « Non, rien de rien, non, je ne regrette rien… »

Et puis, s'est activée la loi de l'attraction en ce sens que j'ai également attiré des clients de coaching qui n'étaient pas toujours authentiques. Heureusement que je possède les techniques pour formuler les questions qui dépotent et donner les feedbacks qui font réfléchir. Un exemple : un homme d'une petite quarantaine d'années qui m'explique qu'il souhaite ardemment séduire à nouveau sa femme mais dont le ton de voix et le corps disent exactement le contraire. Dans ce cas-là, le coach est formé pour livrer un feedback constructif à son client – avec beaucoup de bienveillance et souvent en utilisant une voie indirecte ou métaphorique et, dès que possible, beaucoup d'humour – pour l'amener à la prise de conscience. Là, je lui ai partagé mon hypothèse : « C'est curieux, je veux bien vous croire mais j'ai l'impression de me trouver face à un gnou prêt à s'enfuir devant une lionne. » Moment de sidération marqué d'un long silence… Puis le client, visiblement soulagé, a répondu : « Vous avez raison, je n'en peux plus, j'ai envie de la quitter mais je n'ose pas… ». Le reste de la séance a donc été consacré aux options qui s'offraient à lui.

Que de personnes ont pleuré dans mon bureau alors que leurs larmes cachaient parfois une autre émotion, comme la peur ou la colère ! L'éducation crée des réactions genrées et culturelles : il est tellement plus socialement accepté de rire pour cacher une gêne, par exemple. Il s'agit du fameux « rire du pendu » (Gallows laugh[3]) que les gens émettent lorsqu'ils sont confrontés à une mauvaise nouvelle ou à une situation embarrassante. Il est reconnaissable car il a l'air nerveux, jaune, masquant une autre émotion.

J'avais tendance à réagir de cette façon : des collègues coachs m'avaient d'ailleurs fait le feedback que je souriais quand j'entendais ou donnais de mauvaises nouvelles. Il m'a fallu un certain temps pour me rappeler d'où cela venait. Et puis, j'ai découvert la réponse.

The show must go on...

Avril 1963 : nous étions à la mer, mon frère, huit ans à l'époque, et moi pour les vacances de Pâques. Accompagnés par Madame W, son institutrice, nous marchions sur la digue bordant la mer du Nord. Sur le chemin du retour, Madame W a stoppé notre marche et, dans un gros soupir, nous a annoncé : « J'ai quelque chose d'important à vous dire, les enfants : votre papa était allé rejoindre le petit Jésus dans le ciel ». Quoi ? Dans le ciel ? Du haut de mes six ans et demi, je

---

3 Le rire du pendu, ou Gallows laugh (Berne 1972), est une des transactions décrites par le Dr Eric Berne, créateur de l'analyse transactionnelle. Cette discipline a été mise au point à la fin des années 50 et dont l'objectif est de nous conférer autonomie, respect et prise de responsabilité de façon à faciliter les transactions avec notre entourage et, du coup, nous simplifier la vie. La transaction Gallow, traduite en français par « transaction du pendu », porte sur les rires et sourires que l'on émet lors d'une peine ou d'une blessure et qui s'avère une émotion non appropriée dans ces circonstances.

n'avais rien compris. Je ne voyais pas comment notre papa aurait pu s'envoler vers le ciel pour retrouver le petit Jésus. Je ne voyais pas très bien ce que ça pouvait représenter ; c'était trop abstrait pour moi. En revanche, mon frère avait parfaitement compris et ni une ni deux, avait saisi son vélo et filé à toute allure vers la villa de ma grand-mère. Prise de panique, Madame W m'avait agrippé la main et s'était mise à courir à toutes jambes. Je n'arrivais pas à la suivre... Elle me criait dessus pour que j'aille plus vite. Un bon kilomètre de torture... Elle paniquait à l'idée que mon frère puisse avoir un accident. Arrivées à la villa, nous y avons trouvé mon frère en pleurs et ma grand-mère glissant : « Allons, allons les enfants, à table, je vous ai préparé un bon flan à la vanille ». J'ai donc j'ai appris ce jour-là que dans ma famille il fallait faire bonne figure en toutes circonstances, que « The show must go on[4] » d'une part et « Never explain, never complain[5] », de l'autre, à l'image de la cour d'Angleterre.

Personne ne parlait de mon père. Mon frère sanglotait en silence. Je ne comprenais toujours pas ce qui se passait. Il a fallu quelques années pour que je découvre que la mort de mon père avait été un réel soulagement pour ma grand-mère. Mes parents avaient divorcé quand j'avais un an et demi et, dans les années soixante, le divorce n'était pas encore socialement accepté. Pour ma grand-mère, avoir une fille veuve plutôt que divorcée relevait d'une véritable libération. De plus, je ne comprenais pas pourquoi maman n'était pas là avec nous. Elle voulait nous épargner l'impact

---

4 Le spectacle continue.
5 Ne jamais rien expliquer, ne jamais se plaindre.

émotionnel des funérailles. Elle ne voulait pas que nous pleurions à la cérémonie – des petits William et Harry suivant le cercueil de leur mère… – et, surtout, parce que nous nous serions retrouvés otages et penauds, écartelés entre deux familles de divorcés.

C'est sans doute à ce moment précis que j'ai appris à sourire en cas de malheur… C'était ma stratégie d'enfant pour masquer ma tristesse et mon désespoir.

De retour à l'école après les vacances, l'institutrice a prié la classe d'observer une minute de silence à mon intention. Je me sentais vraiment gênée ; j'aimais bien sûr être le centre de leur attention, mais pas de cette façon ! Là aussi, j'ai développé la capacité de me découpler de mon corps comme si je flottais dans la pièce. Aujourd'hui encore, j'arrive à mettre mon attention en suspension quand quelque chose me fait mal voire me choque. Je me retrouve sur un autre plan de pensée pour ne pas souffrir.

J'ai encore du mal, aujourd'hui, à méditer ou à me centrer quand je suis stressée tout en admirant ceux qui sont capables d'y parvenir. Avec la pratique, cela fonctionne de mieux en mieux. Dans les années 90, j'avais suivi les ateliers proposés par le chaman argentin, Luis Ansa[6]. Il nous apprenait à nous centrer et à activer nos cinq sens. Nous étions bien avant la mode de la « pleine conscience ».

---

6 L'histoire de Luis Ansa est retracée dans le merveilleux livre *Les Sept Plumes de l'Aigle*, d'Henri Gougault, Livre de Poche.

Un deuil qui aura duré 40 ans…

Quarante ans après la mort de mon père, mon fils avait alors six ans et demi, je me suis retrouvée un soir dans ma chambre à lire le merveilleux livre de Geneen Roth intitulé *Lorsque manger remplace aimer*[7]. Mon ex-mari regardait la BBC au rez-de-chaussée et mon fils dormait dans sa chambre. D'un coup, j'ai senti monter une salve de sanglots. Je me suis mise à pleurer haut et fort pendant de longues minutes, arrivant enfin à m'imaginer la peine d'une enfant de six ans et demi, impuissante, vulnérable et totalement perdue dans un monde d'adultes, tellement seule à ce moment-là, et ne saisissant pas les subtilités d'un environnement parfois hypocrite et engoncé dans ses tabous.

Ce soir-là, j'ai arrêté de fuir ma vulnérabilité de petite fille, de me regarder à distance comme Meursault restait étranger à son propre procès dans *L'Étranger* d'Albert Camus. Symboliquement, j'ai pris la petite fille que j'avais été dans mon cœur et dans mes bras ; j'ai pleuré pour elle, j'étais en totale compassion et en osmose avec elle, je lui exprimais enfin ma compréhension et surtout mon amour infini. C'était le début d'une nouvelle ère, un nouveau chapitre de ma vie. Mon deuil s'est terminé ce soir-là car je m'étais donné la permission de me connecter à mon désespoir.

J'ai aussi fini par comprendre et à pardonner à ma mère de nous « avoir protégés », mon frère et moi – ce sont ses paroles. C'était à une époque, bien avant l'ère Dolto, où les

---

7 Geneen Roth, *Lorsque manger remplace aimer*, Éditions de l'Homme, 1999.

adultes ne laissaient que peu ou prou leurs enfants vivre la tristesse d'un décès et assister aux funérailles. Aujourd'hui, on a enfin compris qu'il était nécessaire de laisser les petits s'exprimer et pleurer : les funérailles ne sont-elles pas justement organisées pour cela ?

Des années plus tard, à la fin de mon mariage qui aura duré quatorze ans, j'ai réalisé pourquoi je m'étais mariée à un Indien du Rajasthan qui allait voyager la moitié de l'année. À l'époque, il m'était impossible de concevoir que « mon homme » puisse rester présent à mes côtés, il devait obligatoirement m'abandonner, comme mon père l'avait fait malgré lui. Sans m'en rendre compte, j'avais offert un père absent à mon fils ; j'avais reproduit l'histoire de mon enfance. Heureusement, nous en avons parlé plusieurs fois et je sais à présent que mon garçon est en paix et qu'il m'a pardonnée. Il a parfaitement saisi que le processus était inconscient et que, bien souvent, on reproduit ses modèles parentaux sans s'en rendre compte. Je lui souhaite d'être un père très présent pour ses futurs enfants.

Si vous pouvez voir votre chemin tracé devant vous pas à pas, vous savez que ce n'est pas votre chemin. C'est votre propre chemin que vous tracez à chaque pas que vous faites. C'est pourquoi c'est votre chemin. – Joseph Campbell

Émotions authentiques ?

Nous apprenons trop tôt à cacher nos vraies émotions. Les petites filles auront tendance à pleurer au lieu d'être en colère ou d'exprimer leur peur. Les garçons se mettront plutôt en colère, iront bricoler en grommelant ou se cacheront pour ne pas afficher leur tristesse, leur vulnérabilité ou leur peur. Les deux sexes apprennent à jouer un rôle genré dès le plus jeune âge. Les deux sont piégés par les croyances et le formatage de leurs éducateurs et de la société au sens large.

La petite fille doit se montrer féminine et séduisante (pour papa) et donc pleurer plutôt qu'éructer sa colère tandis que le petit garçon ne peut pas se montrer faible ou vulnérable, donc ne pas se mettre à pleurer. J'ai été sidérée, quand au début de notre mariage, j'ai vu mon ex-mari pleurer en réaction à une mauvaise nouvelle. « C'est normal, en Inde, les hommes pleurent », m'a-t-il confié en toute simplicité.

Cette substitution d'émotion est observable chez de nombreux clients : ils n'expriment pas l'émotion appropriée et c'est avec beaucoup d'amour et de compassion que je les invite à être vraiment eux-mêmes et à « se lâcher ». Un jour, un client qui m'avait avoué n'avoir pas pleuré pour le décès de sa mère, disparue sept années plus tôt, s'est mis à sangloter doucement. Je l'avais encouragé à enfin lâcher le contrôle et laisser sa désespérance et sa tristesse émerger. Encore aujourd'hui, je reste émue d'une telle confiance.

Dernièrement, j'ai supervisé une coach qui éprouve beaucoup de mal à prendre de la distance avec les émotions négatives de ses clients qu'elle continue à « porter » après la séance.

Je lui ai demandé ce qui résonnait en elle et elle a admis que son empathie était sans limites et qu'elle devait apprendre à fixer des frontières claires dans ses relations avec ses clients.

C'est le même défi pour de nombreux professionnels qui apportent une aide psychologique ou physique. On a vu l'impact du coronavirus sur les soignants dans les hôpitaux. Tracer une limite claire avec le vécu des clients ou des patients fait partie des compétences des coachs, des psychologues et du personnel médical. Mais personne n'a dit que c'était facile…

Quand le mensonge et les illusions coûtent beaucoup d'argent…

Le manque d'authenticité, la création d'illusions et le manque d'écoute de mon intuition m'ont coûté très cher à l'aube de mes 26-27 ans. J'étais précoce et à 25 ans, j'avais acquis la moitié des actions d'une petite entreprise. J'avais terminé un graduat[8] et deux licences universitaires. J'avais déjà effectué un stage de six mois à Singapour puis une mission de trois mois à l'ambassade de Belgique à Kinshasa. Et j'avais été engagée par « the big firm » en marketing, à savoir Procter & Gamble, prisée par de nombreux diplômés en économie.

J'ai considéré cette période comme une sorte de service militaire car je travaillais plus de 80 heures par semaine :

---

[8] Un graduat est un diplôme obtenu après deux ou trois ans d'études, en Belgique. Il équivaut aujourd'hui à un Bachelor.

un train d'enfer. Même le samedi, je courais dans les supermarchés non pour y faire mes courses mais bien pour vérifier que les promotions sur les marques que je gérais étaient convenablement mises en lumière. Pas une vie... Et comme cette entreprise pratiquait le saucissonnage des informations, bien normal avec des jeunes tous frais émoulus des universités ou des grandes écoles qu'elle recrutait. Ces jeunes la considéraient comme un tremplin vers d'autres emplois plus rémunérateurs. Ainsi, je ne saisissais pas toute la finalité de mon travail car je n'avais accès qu'au contexte lié à ma fonction marketing. Je me demandais pourtant si j'allais consacrer ma vie et mon énergie à concevoir des campagnes promotionnelles pour des détergents et autres produits de grande consommation.

Au même moment, ma vie privée s'en allait à vau-l'eau, bref rien ne fonctionnait vraiment. J'ai donc quitté la grande entreprise ou, plutôt, la grande entreprise m'a encouragée à trouver un autre emploi plus adéquat avec mes aspirations.

Et c'est là que je me suis bercée d'illusions. J'ai tout de suite senti l'arnaque quand on m'a proposé d'entrer dans une petite entreprise et de reprendre la moitié des parts sociales. Mon ego me poussait à « devenir chef d'entreprise ». Mon associé, « PH », un homme de trente-trois ans, marié et père de deux enfants, avait parfaitement compris que j'étais paumée et esseulée et que j'avais surtout besoin de tenir la dragée haute vis-à-vis de mes anciens potes universitaires et de ma famille.

L'entreprise ne décollait pas – il faut dire que nous étions des précurseurs, au début des années 80, à proposer des systèmes de sécurité et de protection de l'environnement.

La société était endettée et avait cinq employés dont il fallait assumer les salaires. La situation était dangereuse. PH, en fin manipulateur, jouait sur mon ego en m'incitant en tant que « responsable des finances », à assumer le futur crédit de caisse allant permettre à la boîte de se développer. J'ai donc hypothéqué une maison dont j'avais hérité pour servir d'aval au crédit de caisse de la société : grosse bêtise. Et PH d'attiser mes illusions en me proposant, en plus d'importer des dispositifs de sécurité de Chine, de faire don de lunettes à des populations asiatiques dans le besoin, puisque la myopie y est une pathologie courante. Fin psychologue, il avait perçu que j'avais besoin d'un objectif plus élevé : distribuer en Europe des marchandises provenant de Chine ne me suffisait pas.

C'était un suicide commercial, car notre ambition d'import-export avec la Chine au début des années 80 restait l'apanage des grandes structures – ou des entreprises du bloc de l'Est – et c'était vraiment au-dessus de nos petits moyens à cette époque où les portes aux Occidentaux étaient encore fermées.

Un an plus tard, je me suis retrouvée devant le juge du tribunal de commerce en train de promettre sur l'honneur de régler l'ensemble des factures – ce qui fut fait dans l'année. Pour ce faire, ma mère, souhaitant me protéger d'une faillite[9], et moi avons dû emprunter de l'argent à la banque et il nous a fallu des années pour tout rembourser…

---

9 Dans les années 80, la loi belge précisait que les inscriptions en faillite étaient « trentenaires », à savoir que le responsable n'était pas autorisé à créer ou gérer une entreprise pendant 30 ans. Dans mon cas, cela m'aurait empêchée de participer en tant qu'administrateur ou gérante d'une entreprise jusqu'à l'âge de 56 ans.

De son côté, mon associé, arguant qu'il devait nourrir sa famille, me fit croire que trois mois lui suffiraient pour se remettre à niveau, que pour cela il fallait que j'accepte sa démission en tant que co-gérant et qu'il allait revenir trois mois plus tard pour me soutenir.

Accepter sa démission « temporaire » et racheter ses parts sociales impliquait que je reprenne la totalité des dettes de la société à mon nom, mais j'ai pourtant signé les documents. Mon intuition me disait de me méfier, surtout quand PH a dégainé des documents clairement préparés par un avocat. Je n'ai pas osé le contrer.

À vingt-six ans, j'étais à genoux, sans argent, avec des tonnes de factures à payer, le moral à zéro, ma famille sur le dos et avec même des idées de suicide. C'était vraiment la fin de mon monde... Un an après, le juge m'a félicitée : toutes les factures avaient été honorées mais je m'étais perdue. Si je n'avais pas eu mon amie Remonda pour m'appeler chaque jour avec bienveillance et patience, pour m'encourager à ne pas baisser les bras et me donner de l'espoir, je ne sais pas ce que je serais devenue.

Mon intuition m'avait pourtant prévenue : n'accepte pas sa démission, PH est en train de t'entuber... ne te laisse pas faire... réagis... Mais je m'étais illusionnée une fois de plus : je me disais qu'en tant que père de deux enfants, PH devait être acculé et que c'était de mon « devoir » de lui permettre de générer d'autres revenus. Cette illusion de me sacrifier, car j'en avais les moyens financiers, reviendra encore bien plus tard : difficile de me départir de ma naïveté, je confondais business et amitié voire famille. Un besoin de reconnaissance dont je traiterai plus tard dans ce livre.

Heureusement, j'ai pu expérimenter deux associations où l'honnêteté et l'équilibre étaient au centre de l'attention (années 90) et encore deux autres plus fallacieuses (années 2000) – cela en fait une tous les sept-huit ans en moyenne.

Quoi qu'il en soit, ces expériences m'ont fait grandir et m'ont permis de tirer des leçons très utiles :

1. Ne jamais mettre tous mes œufs dans le même panier – diversifier mes activités puisque j'ai choisi d'être indépendante, sans droit au chômage ;

2. Investir dans un avocat ou faire appel à un spécialiste ou un consultant et attendre au moins quarante-huit heures avant de signer un document important ;

3. Ne plus me bercer d'illusions par l'aspect émotionnel de la relation d'affaires. C'est du business, point barre. Nous pouvons collaborer d'une façon amicale mais sans se leurrer sur les intentions de base : c'est d'abord un business et la relation d'argent doit être clarifiée ;

4. Tout écrire, toujours. Apprendre à réaliser un procès-verbal lors de chaque décision, surtout quand elle est prise entre deux portes ou sur un coin de table (envoyer un résumé par courriel) car la mémoire s'étiole ;

5. Et, surtout, surtout, écouter mon intuition et tenir compte de mes premières impressions car, à ce stade, elles sont encore authentiques et n'ont pas été imprégnées par l'argumentation mentale.

L'échec est simplement l'occasion de recommencer, cette fois-ci de manière plus intelligente. – Henry Ford

La finalité est là, enfin !

L'histoire a des rebondissements qui me ravissent. Une fois que j'ai opté pour le coaching et le mentorat, à la fin des années 90, la finalité s'est imposée toute seule. Le coaching m'a fait contribuer au bien-être des personnes que j'ai eu l'honneur d'accompagner. Et comme l'Univers a de l'humour, il m'a même fait retourner en Chine : depuis 2019, j'y œuvre à apporter davantage de bien-être via le mentorat, à petite échelle vu la taille de cet immense pays, bien sûr. Et cette fois-ci, avec quatre partenaires honnêtes et qui ont de magnifiques valeurs.

Mensonges et manque de congruence

Tant de professionnels d'aide à la personne, que ce soit physique ou psychologique, dédient leur vie aux autres. Si la majorité fait montre d'intentions pures, d'autres, en revanche, utilisent la détresse humaine comme source de business juteux. Les Américains de l'ICF (International Coaching Federation[10]) l'affichent clairement : *This is a business*. C'est clair, limpide. Pourtant, ce marché du coaching, comme d'autres traitant des matières humaines, est malheureusement peuplé de quelques gourous ou

---

[10] L'International Coaching Federation, ICF, créée en 1995, est la plus grande fédération de coaching du monde avec 50 000 coachs dans plus de 140 pays. Elle est basée à Lexington aux États-Unis.

arrivistes qui ont flairé la bonne affaire. Et ce sont souvent ceux qui prétendent être les plus « éthiques » et les plus « spirituellement développés » qui sont le plus âpres au gain. J'en ai fait l'expérience : couteau dans le dos par des collègues qui se disaient intègres, peaux de banane pour capter une belle mission ou un client important, non-respect des clauses de non-concurrence, volonté délibérée de bloquer un marché, copiage de contenu sans vergogne – le cours est à peine diffusé qu'il est déjà donné par certains participants qui ne se gênent pas d'utiliser quasiment le même matériel pédagogique – imitation de concepts et j'en passe. Là aussi, la personne me disait, la main sur le cœur, que je pouvais compter sur sa probité. Quel manque d'authenticité !

Par ailleurs, trop souvent, les coachs débutants sont fort déçus car certaines écoles de coaching leur font croire qu'ils vont trouver le travail de leurs rêves, que la demande de coaching est élevée et que leur talent, une accréditation et un bon carnet d'adresses suffiront pour remplir leur carnet de rendez-vous. Belle illusion ! Depuis que j'ai embrassé ce merveilleux métier, je ne cesse de dire que « l'on ne doit pas faire du coaching pour régler sa facture de gaz ». À l'ICF, ils sont très clairs sur ce point aussi. L'étude indépendante, réalisée en 2016 par PricewaterhouseCoopers pour le compte de l'ICF, indique que les coachs gagnent en moyenne 50 000 dollars américains (USD) par an et que la plupart diversifient leurs activités en exerçant également 2,8 autres activités génératrices de revenus, telles que la formation, le conseil, le tutorat, etc. CQFD.

Enfin, comment ne pas pointer le manque de congruence[11] de nombreux professionnels de l'aide à la personne ? Comme ce coach accrédité qui, une fois hors des radars, ne respecte pas ses principes déontologiques, ne pense pas qu'il doit être supervisé dans sa pratique. Ou ce psy totalement empathique et sympa qui, une fois hors du cénacle de ses pairs, rentre chez lui et bat sa femme ? Ou ce médecin qui fait se succéder ses patients à raison de dix minutes par personne, dont trois passées à importer des données dans son ordinateur, en facturant le maximum ? Les exemples sont nombreux. Le piège du manque de congruence est puissant et dénote un mensonge fait non seulement à sa profession mais surtout à soi-même.

Clin d'œil du coach

Le corps sait parfaitement quand on ment. L'écouter, reconnaître ces petits signes physiques, c'est le remercier et se mettre à la recherche de sa vérité.

Le choix d'Elizabeth

De nombreux clients changent de profession plusieurs fois en cours de carrière. Au départ, ils avaient opté pour les études qui répondaient aux aspirations de leurs parents. Ils s'étaient laissé bercer par l'illusion qu'ils deviendraient à terme compétents et motivés, même dans un domaine qui ne

---

[11] Être congruent, c'est faire ce que l'on dit et dire ce que l'on pense. En d'autres termes, être cohérent et vrai, donc authentique.

leur plaisait pas. De nombreux clients se présentent aux professionnels du coaching en pleine crise existentialiste – souvent au seuil de la quarantaine – en quête de nouvelles valeurs et d'un travail davantage porteur de sens. On en retrouve énormément parmi les coachs et les mentors : nombreux sont d'anciens cadres d'entreprise qui ont souhaité apporter plus d'humanisme dans leur vie professionnelle.

Elizabeth (nom d'emprunt) avait vingt-deux ans et, pour la deuxième fois consécutive, était sur le point de rater ses examens d'études vétérinaires, qu'elle avait choisies pour faire plaisir à ses parents, propriétaires d'un petit haras. Sa mère, une ancienne cliente, m'avait contactée en panique, voyant sa chère fille sur le point d'échouer une nouvelle fois et d'être éjectée de la fac. C'était sa toute dernière chance. D'emblée, j'ai émis le prérequis que ce soit Elizabeth elle-même qui m'appelle ; je devais vérifier que c'était bien sa demande propre. C'est un principe de coaching : toujours s'assurer que le client est réellement en demande. C'était le cas.

À peine assise dans mon bureau, Elizabeth s'est mise à pleurer. J'ai réagi : « Qu'est-ce qui vous fait pleurer ? » et elle a répondu : « J'ai l'impression que vous me jugez ! » « Mais pas du tout, je ne juge jamais ; qui suis-je pour juger quelqu'un ? » Elle s'est détendue et a commencé à raconter son histoire. Elle m'a dit qu'elle aimait tellement élever des chevaux qu'elle se trouvait incapable d'en euthanasier un seul pour le disséquer, ce qui était pourtant une exigence de ses études. Elle se battait contre ses valeurs.

J'ai posé très peu de questions au cours de la séance, et malgré tout, je lui ai posé LA question qui me semblait évidente : « Si vous pouviez changer vos études aujourd'hui, que choisiriez-vous ? » Elle m'a dit qu'elle voulait protéger l'environnement. J'ai donc poursuivi : « Y a-t-il une possibilité que vous optiez pour un mastère en protection de l'environnement ? » « Oui », m'a-t-elle répondu, prouvant qu'elle avait déjà effectué des recherches : « à Londres, et pour cela, bien sûr, je dois passer mes examens pour être acceptée en septembre prochain ». Mon job était terminé.

Quelques semaines plus tard, elle m'annonçait qu'elle avait réussi ses examens avec mention et qu'elle avait rejoint le programme londonien. Aujourd'hui, elle travaille en Australie, où elle contribue à la protection du récif corallien. Elle s'était donné la permission, enfin, d'être authentique et fidèle à elle-même.

La seule façon de bien faire votre travail, c'est d'aimer ce que vous faites. Si vous ne l'avez pas encore trouvé, continuez à chercher.
Ne vous installez pas[12].
Steve Jobs

---

[12] The only way to do great work is to love what you do. If you haven't found it yet, keep looking. Don't settle. – Steve Jobs

Autocoaching : réflexions sur votre Authenticité

Maintenant que vous avez lu ce partage d'expérience, je vous invite à réfléchir à votre AUTHENTICITÉ :

- Quand suis-je authentique ?
- Quand est-ce que je ne suis pas authentique ?
- Que signifie être authentique pour moi ?
- Comment vais-je honorer davantage mon authenticité ?
- Que dois-je décider dès maintenant pour garantir ma propre authenticité ?

Respect

Le jour où je me suis aimé pour de vrai[13], j'ai commencé à percevoir l'abus dans le fait de forcer une situation, ou une personne, dans le seul but d'obtenir ce que je veux, sachant très bien que ni la personne ni moi-même ne sommes prêts et que ce n'est pas le moment. Aujourd'hui, je sais que ça s'appelle Respect.

Le respect est une valeur très forte pour moi aujourd'hui, mais le chemin a été long. J'avais très peu d'exemples de vrai respect dans mon environnement avant de devenir adulte. Le respect n'avait été qu'un concept théorique pendant de nombreuses années et une véritable quête, car on ne m'avait pas appris à me respecter moi-même et les autres m'avaient très peu respectée quand j'étais enfant. Rassurez-vous, ma souffrance n'avait été que morale, c'est déjà ça !

---

[13] As I began to love myself, I understood how much it can offend somebody as I try to force my desires on this person, even though I knew the time was not right and the person was not ready for it, and even though this person was me. Today I call it "RESPECT."

« Je voulais vous trouver un nouveau père »

Lorsque j'ai perdu mon père, ma mère a décidé de nous trouver un « nouveau père » très rapidement. Son intention était noble et c'était encore à une époque où très peu de femmes arrivaient à élever leurs enfants seules. Mon père est décédé en avril et en décembre elle était remariée. Elle n'a jamais dit qui avait organisé un tel mariage, mais je soupçonne fortement le prêtre de sa paroisse d'en être l'instigateur. Sinon, qu'est-ce qui aurait poussé mon nouveau beau-père, connu pour sa pingrerie, à offrir des vitraux à sa paroisse de l'Annonciation ?

Pour entrer dans cette nouvelle famille à sept ans, on m'a fait quitter mon école, mes amies, ma maison, et même ma chère poupée – « qui n'était pas assez belle pour être introduite dans la nouvelle famille ». Ma chambre était située au troisième niveau d'une maison froide de quatre étages, de l'avenue Molière, dans un quartier très chic.

J'avais de nouveaux frères et sœurs : un frère par alliance de trente-cinq ans ayant deux enfants à peine plus âgés que mon frère et moi ; un autre frère par alliance de dix-neuf ans, stressé en permanence par ses études de médecine ; et une sœur par alliance de seize ans qui était constamment de mauvaise humeur.

Ils venaient de perdre leur mère et ne supportaient pas l'idée que la nôtre puisse occuper la place encore chaude et encore moins qu'elle ait envahi leur maison avec ses propres enfants. Des années plus tard, j'ai compris que leur colère, justifiée, faisait partie de leur processus de deuil, mais à ce moment-là, je n'en étais pas consciente. Je suis rapidement devenu le bouc émissaire de ma nouvelle demi-sœur, irritée, lasse et entravée dans sa liberté car obligée de me chaperonner sur le chemin de l'école située à deux kilomètres de la maison.

La maison de l'humiliation

Pas de joie dans cette grande maison froide, seulement du travail et des contraintes. J'ai même été obligée d'apprendre le piano « parce qu'une fille bien éduquée doit jouer du piano ». Un piano droit était installé dans une pièce jouxtant la salle à manger, à deux doigts de la cuisine où ma mère pouvait m'entendre et en sortir pour me tancer quand je faisais trop d'erreurs – j'en garde encore des séquelles aujourd'hui car j'ai du mal à jouer devant un public, même amical.

Pendant les déjeuners et les dîners, ma mère m'empêchait de manger pommes de terre, pâtes, pain ou tout ce qui pouvait me faire prendre du poids. « Tu vas grossir » était son hymne préféré, asséné à la cantonade face aux autres membres, goguenards, de la « famille ». La chasse aux glucides, à l'époque, était son maître-mot alors que tout nutritionniste, aujourd'hui, vous dira qu'il faut bien manger durant les repas, ingérer protéines et sucres lents en plus des sempiternels légumes cuits et salades, surtout pour un enfant en pleine croissance.

Résultat : je crevais de faim, et la seule façon d'en sortir était de chaparder de la nourriture dans le placard de la cuisine... J'avais même trouvé le moyen de financer mes achats au petit magasin du coin : je rassemblais les pièces se trouvant dans le fond des nombreux sacs à main de ma mère. Ce n'était pas beaucoup mais assez pour acheter des biscuits et des brioches, dont les fameux « baulus[14] » aux fruits confits. C'est à cette époque que le sucre est devenu mon meilleur pote. Il avait non seulement pour objectif de me nourrir mais aussi de remplacer la tendresse et l'affection physique que je recevais rarement. À neuf ans, je pesais 58 kg !

Ma vie était un cauchemar. Le pire, c'était l'humiliation constante, à la maison et à l'école. Mes camarades de classe se moquaient de moi, l'école était difficile, la famille recomposée était plus froide qu'un iceberg. Ma mère me livrait aux remarques des autres, ne me soutenait pas car elle souhaitait « faire plaisir à la nouvelle famille » et « réussir son mariage ». Très inconsciemment, mon frère et moi avions trouvé la parade pour la faire râler : traîner dans ses études pour lui et pour moi, me laisser grossir...

L'humiliation s'est parée d'injustice par la façon dont nous étions « gâtés » à la Saint-Nicolas ou à Noël : un fauteuil rempli de jouets pour les enfants du fils aîné et deux petits paniers de fruits en massepain ou une pacotille, voire un pâle et unique jouet, pour mon frère et moi. Un traitement tellement inique et très traumatisant pour des enfants en bas âge !

---

[14] Viennoiserie très populaire en Belgique qui consiste en une roulade verticale agrémentée d'une fine couche de crème pâtissière et de fruits confits.

Vers huit ou neuf ans, mes potes du mouvement des Guides catholiques sont devenues ma véritable base stable, un pilier. Nos réunions avaient lieu le week-end. Je les revois aujourd'hui. Le tunnel noir s'est terminé après trois ans, quand ma mère a enfin ouvert les yeux sur le manque d'amour régnant dans la maison, sur l'absurdité de vouloir à tout prix paraître heureux et sur les effets délétères que ces bagarres continuelles avaient sur ses enfants. Elle a déserté ce mariage toxique, ce qui était courageux de sa part à la fin des années soixante. Ce fut une « séparation de biens et de corps », une solution plus acceptable socialement. Un soir, cinq ans plus tard, j'ai entendu ma mère pousser un grand cri. Elle venait de lire le faire-part de décès de son ex-mari dans la rubrique nécrologique de son quotidien qu'elle dévorait avant de s'endormir…

À la recherche de ma base stable[15]

Quand nous sommes sortis de cette maison cauchemardesque – et de ma position de « riche affamée » (de nourriture et d'amour) – nous nous sommes retrouvés dans un petit appartement, plus loin dans la même avenue Molière. Ma mère était fort stressée et constamment sous pression en tant que femme seule avec deux préadolescents difficiles. Elle travaillait dans l'immobilier et la construction,

---

[15] Une base stable est le besoin de quelqu'un, de s'appuyer sur quelque chose de stable. Cela peut être une personne, une religion, un lieu. Cette notion est magnifiquement expliquée par George Kohlrieser, négociateur chevronné lors de prises d'otages dans son livre *Hostage at the Table*, éditions John Wiley & Sons, 2006.

un monde d'hommes à cette époque. Sans oublier sa propre mère qui venait de subir une attaque cérébrale et à qui elle rendait visite chaque jour. Que de stress ! Cela se traduisait par une colère continue et des cris perçants et beaucoup trop nombreux.

Mon exutoire et ma base stable restaient les réunions des Guides le week-end. Et surtout la musique. Nous étions à la fin de la période des « yé-yé », à la fin des années 60 et j'étais devenue fan inconditionnelle de Sheila, dont je connaissais les chansons par cœur, ce qui énervait les voisins de cet immeuble aux parois trop fines. Sheila était mon idole, mon modèle et mon mentor, et je lui suis reconnaissante d'avoir illuminé mon adolescence. Aujourd'hui, je sais pourquoi je l'avais choisie : dans son enfance, cette femme magnifique était entourée d'amour, dans un foyer limité financièrement ; elle vivait donc une expérience à l'opposé de la mienne. À 16 ans, elle a découvert la célébrité au plus haut niveau et l'aisance matérielle. Sa carrière grimpa au zénith et elle a pu fonder une famille, entourée de paparazzi et sans aucune intimité. Malgré ses succès, elle en a bavé car se sont succédé plusieurs drames familiaux qui ont musclé sa résilience. Elle est néanmoins parvenue à se constituer une magnifique philosophie de vie. Auteure de livres profonds et révélateurs[16]

---

[16] Sheila, *Les bonheurs de la vie*, L'Archipel, 2016 – Alors que j'avais dévoré son livre *Danse avec ta vie*, paru en 2013 dans la même maison d'édition, celui-ci est resté plusieurs années sur ma table de chevet, je ne sais pas pourquoi... Je l'ai finalement ouvert en mai 2022 et ai découvert le parallélisme entre nos deux livres. Sheila y traite du maintien de son corps et de son esprit de façon à rester jeune et positive. Et toutes deux, nous n'avons aucune envie, vraiment aucune, de prendre notre retraite.

d'une belle sagesse, elle poursuit sa carrière de chanteuse, tout en développant ses dons de sculptrice et bien d'autres talents encore. Un chemin faisant fi de l'âge et des racontars qui continue à m'inspirer aujourd'hui. Enfin, nous aimons toutes les deux les chiens ; je me souviens d'une pochette de 33 tours où elle courait en compagnie d'un superbe chien-loup. Avoir un animal de compagnie était un rêve à l'époque ; c'est devenu mon quotidien pendant douze ans grâce à ma magnifique chienne Isa, malheureusement décédée en août 2022.

Clin d'œil du coach :

Notre vie repose sur un ou plusieurs piliers que l'on appelle une « base stable ». Il peut s'agir d'une personne – parent, ami, mentor, référent spirituel ou psychologique, acteur, chanteur – ou d'un endroit où vous vous sentez en sécurité, ou d'une philosophie de vie ou d'une religion ou d'un groupe de personnes qui vous entoure voire d'une passion pour un hobby ou pour un sport.

L'important est que la base stable soit le plus pérenne et solide possible, immuable, pour que vous puissiez l'utiliser comme fondation et y construire votre chemin. Cette base stable vous offre un espace rien qu'à vous, une stabilité rassurante, un pilier de vie. Faites tout ce qui est en votre pouvoir pour vous offrir une ou plusieurs bases stables.

Le début d'une définition de mes frontières

C'est aussi l'époque où j'ai commencé à m'échapper clandestinement de chez moi le mercredi, prétendant que j'étais à l'école mais en fait j'allais au cinéma (avec des chocolats glacés, bien sûr). J'avais besoin de temps pour moi, pour me créer une bulle, un espace intime. Je commençais à créer mes propres frontières et limites, ce qui était en fait mon premier pas vers le développement du respect de soi. Tout cela au grand dam de mes études, en déliquescence. Conséquence : ma mère m'a envoyé en pension à Namur, à 60 km de chez moi.

Une rédemption ! Finis la toxicité et l'environnement colérique. Sans m'en rendre compte, je tombais en fait de Charybde en Scylla, en découvrant le monde parallèle des nonnes narcissiques et sadiques... bien loin des principes catholiques qu'elles prônaient. Ici, pas de chapardage possible de nourriture dans les placards, pas de pièces de monnaie dans les sacs à main, alors j'ai trouvé une nouvelle façon de créer mon propre monde, mon territoire émotionnel. J'ai recréé ma bulle en jouant du piano tous les soirs pour pouvoir être seule, dans une alcôve de musique insonorisée, donc m'échapper des soirées imposées par la maudite sœur Anne, fan inconditionnelle d'Eddy Merckx[17] et de foot !! J'ai également commencé à jouer de la guitare dans

---

[17] Édouard Merckx, dit Eddy Merckx, est un cycliste belge né en 1945 en Belgique, il est considéré comme l'un des plus grands champions cyclistes contemporains.

ma petite chambre, toujours pour la même raison. J'étais fière d'avoir trouvé la clé de mon intégrité personnelle.

Mon autre évasion a été la complicité et la joie partagée avec trois amies congolaises fantastiques : elles m'ont aidée à surmonter l'ennui du pensionnat et l'obligation d'assister à trois messes par semaine. Ma parade ? Jouer à la guitare et chanter pour me motiver à rester éveillée et engagée lors de ces messes organisées à 7 h 30 du matin ! Aujourd'hui encore, j'ai une profonde gratitude envers Nelly O., Philomène A. et Philomène De B. pour m'avoir apporté une telle joie durant ma prime adolescence. J'ai essayé à plusieurs reprises de les retrouver sur les réseaux sociaux, sans résultat. En janvier 2020, quand Philomène De B. m'a répondu, j'étais si heureuse de l'avoir retrouvée ! Mais ma joie s'est vite transformée en tristesse quand elle m'a annoncé qu'elle était la nièce de « ma » Philomène dont elle avait reçu le nom après son décès en 1986. Quelle tristesse ! Moi qui l'avais tant cherchée, y compris dans la ville de Kinshasa quand je travaillais à l'ambassade… En revanche, quelle joie d'avoir trouvé une nouvelle « nièce ».

Transformez vos blessures en sagesse. – Oprah Winfrey

Mes premiers signes d'amour inconditionnel

Ma treizième année aura été une année charnière, par la découverte de celle qui allait devenir ma meilleure amie : Maggy. Nous étions ensemble chez les Guides et nous sommes devenues amies pour la vie. Avec mes trois amies congolaises, Maggy aura été la toute première personne à m'aimer de façon inconditionnelle. J'étais encore très loin du respect, de l'estime de soi et du respect des autres, mais j'allais dans cette direction et je commençais à bien m'en sortir. J'ai donc créé un autre stratagème : être la première de la classe pour être fière de moi et être admirée par les autres. Piano, guitare, apprentissage intensif et amitiés heureuses allaient remplir ma vie pendant la semaine à l'internat, et Maggy et d'autres amies le faisaient pendant les week-ends chez les Guides. J'étais sauvée sur le plan émotionnel, mais j'étais devenue obèse (84 kg).

J'ai commencé à perdre du poids à dix-sept ans, alors amoureuse d'un bel Italien de dix-huit ans. Mais surtout, j'ai commencé à donner une autre dimension à ma vie lorsqu'il m'a proposé de devenir convoyeuse-ambulancière bénévole à la Croix-Rouge de Namur. Légalement, j'étais trop jeune pour accompagner des personnes blessées ou malades dans des ambulances. Mais j'ai réussi à convaincre les responsables que j'étais prête, grâce à ma détermination, à ma motivation, à mon enthousiasme et à ma connaissance des gestes qui sauvent, de même que des préceptes de base de l'accompagnement des premiers secours. Je venais de découvrir le plaisir d'être enfin respectée et acceptée comme une personne à part entière. Mes premiers vrais pas de future adulte responsable...

Cela m'a encouragée à me respecter moi-même en étant fière de moi et de mes réalisations. Ce fut une période merveilleuse de ma vie. Je me trouvais utile et très appréciée par les personnes que je servais ; je me sentais valorisée d'aider les personnes âgées, malades ou blessées, de faire de mon mieux pour soulager leur douleur et de leur apporter baume au cœur et énergie positive. J'étais également appréciée par les chauffeurs-ambulanciers pour mon enthousiasme et ma bonne humeur. C'était un travail bénévole que j'effectuais après l'école. Tout mon temps était consacré à la Croix-Rouge, même quand l'histoire d'amour avec mon bel Italien s'est terminée. J'étais tellement heureuse d'avoir trouvé une nouvelle « famille » : Marcelle, la réceptionniste de la Croix-Rouge me traitait comme sa fille et m'offrait la tendresse que je n'avais jamais reçue chez moi. Nous sommes restées très proches jusqu'à son départ pour le grand paradis blanc en 2007. Elle était devenue ma « seconde maman », et la surtout la première à m'accepter sans condition, telle que j'étais. Elle m'avait toujours parlé avec bienveillance, amitié et amour. J'ai poursuivi ce volontariat jusqu'à la fin de mes études secondaires : je souhaitais continuer à donner du temps à une bonne cause.

Les richesses infinies sont tout autour de vous si vous ouvrez les yeux et contemplez le trésor de l'infini en vous. Il y a une mine d'or en vous, d'où vous pouvez extraire tout ce dont vous avez besoin pour vivre glorieusement, joyeusement et abondamment[18]. *– Joseph Murphy*[19]

Trouver le sens

Il ne se passe pas une semaine sans qu'un ou plusieurs de mes clients ne se plaignent d'une perte de sens dans leur travail ou ne ressentent un manque d'intégrité ou de respect de soi. Je les soutiens toujours avec compassion. Je comprends à quel point ils veulent être utiles et respectés, en commençant bien souvent par eux-mêmes. C'est le cas lorsque la personne perd son emploi ou subit un épuisement professionnel. La recherche de l'épanouissement et de l'amour-propre conditionnel peut malheureusement conduire au désenchantement, voire au désespoir.

Récemment, je me suis retrouvée, au même moment, face à deux clients qui souhaitaient conférer un but plus élevé à leur vie professionnelle ; atteindre une autre dimension, redonner de la finalité à leur job. L'un vivait en Russie et l'autre en Belgique. Deux nationalités, deux origines différentes, deux environnements complètement différents, mais avec la même quête d'une vie réussie et pleine de sens.

---

18 "Infinite riches are all around you if you will open your mental eyes and behold the treasure house of infinity within you. There is a gold mine within you from which you can extract everything you need to live life gloriously, joyously, and abundantly". Joseph Murphy

19 Joseph Murphy (20 mai 1898 - 16 décembre 1981) est un ministre de l'église protestante américaine « Science divine » et un auteur.

Avec les deux, j'ai utilisé les techniques du photolangage[20], du dessin, de la littérature, des approches métaphoriques et de la philosophie. En tant que coach, j'ai pensé qu'il serait très utile d'explorer ce besoin dans une perspective non rationnelle, non traditionnelle, plus proche de la spiritualité, en profitant de conversations profondes et en explorant des champs d'autoréflexion inconnus. Cette expérience a été un don du Ciel. Je suis pleine de reconnaissance pour ces occasions d'introspection qui apportent la joie et la capacité de réfléchir au vrai sens de la vie.

Apprendre à construire des limites claires

Autre sujet important souvent abordé en coaching et en mentorat : l'affirmation de soi et le renforcement de nos capacités à fixer des limites claires et appropriées dans tous les domaines de notre vie. Cela débute par le relevé des limites dont une personne a besoin. Déterminer des limites, ce n'est pas seulement être capable de dire « Non » ou « Pas maintenant », mais aussi être capable de dire « Oui » et de le penser.

---

[20] Il s'agit d'une technique où le coach présente une série de photos à son client, du côté verso ; celui-ci en choisit deux à l'aveugle, une pour le présent et une pour l'avenir, puis est invité à en donner la signification. C'est très puissant car cela permet de court-circuiter les processus mentaux en se concentrant sur le sujet pictural, les couleurs et tous les éléments qui permettent d'activer la créativité et l'intuition. Le coach peut également présenter plusieurs photos du côté recto et c'est le client qui choisit plusieurs photos pour répondre à une question du type « À quoi ressemblera votre vie dans les x prochaines années ? »

Définir des limites claires permet de mieux se connaître et de mieux défendre son territoire professionnel et personnel. Établir des frontières et les communiquer clairement aide non seulement les autres à savoir ce qu'ils peuvent attendre de soi mais également ce que l'on peut attendre d'eux. Cette clarté réduit la confusion dans la communication et encourage les autres à fixer leurs propres limites. Les relations deviennent dès lors plus intimes et satisfaisantes puisque l'on a appris à exprimer ses besoins véritables et à prendre soin de soi.

L'établissement de limites claires au travail est très puissant, quand elles sont établies de manière non menaçante – l'humour est bienvenu – et permet de construire des relations plus authentiques et plus productives. Les équipes deviennent plus concentrées et performantes, avec des objectifs et des résultats clairement définis, et travailler ensemble devient nettement plus agréable.

Apprendre à fixer des limites aura été l'un des comportements les plus puissants appris à l'âge adulte. Enfant, l'idée d'avoir des limites ne faisait pas partie de mon éducation – en fait, le concept était très peu appliqué dans ma famille – et j'ose dire que cela peut être vrai pour beaucoup d'entre nous et pour diverses raisons. Dans les ménages où les limites appropriées sont floues ou inexistantes, il reste très difficile d'apprendre (1) ce que sont des limites appropriées, (2) qu'il est normal d'en avoir et (3) qu'il est nécessaire de communiquer ses limites personnelles sans se sentir ni coupable ni honteux. C'est un processus, tout comme on renforce un muscle. N'est-ce pas merveilleux d'avoir des muscles forts ? Il en va de même pour nos limites, fortes mais pas nécessairement rigides. À condition d'être doux avec soi-même – ni blâme ni honte – si on n'y arrive pas du premier coup et de façon parfaite !

Plus nous sommes clairs sur nos propres besoins et limites, plus nous devenons de meilleurs coachs et mentors, meilleurs amis, meilleurs partenaires, meilleurs parents, etc. parce que nous honorons notre responsabilité de prendre soin de nous, parce que nous montrons l'exemple et encourageons les autres à faire de même. L'établissement de limites est un élément important de l'autonomisation.

Clin d'œil du coach :

Et si vous considériez votre espace personnel comme un État de droit ? Avec une constitution (lois de base), des lois et des arrêtés d'exécution. Également avec une police qui fait respecter les lois.

Exemple : face à un collègue, à un boss... ou un parent envahissant.

Ma constitution = je suis respecté(e) en toutes circonstances.

Une de mes lois = je garde du temps pour moi et pour les miens.

Un arrêté d'exécution = je ne réponds pas aux appels téléphoniques de la personne après 19 h et le week-end, cet espace est pour le travail et cet autre pour ma vie personnelle.

La police = je donne des feedbacks aux personnes qui ne respectent pas ces principes.

Un très bel exercice à réaliser pour tous ceux/celles qui ont du mal à établir des frontières.

Respecter ses propres valeurs, d'abord

Claire (nom d'emprunt) se trouvait face à un dilemme : accepter une promotion qui allait l'amener sur les routes ou quitter l'entreprise. Sa société souhaitait lui offrir un « coaching de rétention[21] » pour qu'elle puisse se motiver à accepter ladite promotion. J'ai accepté la mission pour soutenir cette femme leader de grande qualité. Bien sûr, j'avais précisé au département des ressources humaines que j'allais toujours respecter le libre arbitre de ma cliente. Elle serait la seule à décider de rester ou non dans l'entreprise. Même s'il est engagé par l'entreprise, le coach se doit de rester toujours neutre.

En début de mission, il est bon d'organiser une réunion avec le coaché, son responsable hiérarchique (le cas échéant) et le membre du département des ressources humaines s'il est le sponsor de la mission. Cette réunion, appelée « réunion d'alignement » ou « intake », sert à préciser les objectifs de la mission, les indicateurs de réussite, et mettre tout le monde au diapason. C'est le moment de préciser le cadre – par exemple que le coach n'est pas responsable du résultat mais bien des moyens mis en œuvre – et ne peut ainsi garantir que Claire trouvera sa motivation au sein de l'entreprise.

---

[21] Il s'agit d'un coaching offert à une personne qui risque de quitter l'entreprise et que celle-ci aimerait motiver à rester. Ce type d'accompagnement amène la personne à réfléchir à sa carrière, à ses valeurs et à leur possible concordance – ou non – avec celles de l'entreprise.

Juste avant cette réunion, Claire m'avait expliqué que ses responsables hiérarchiques lui avaient proposé de prendre la direction d'une unité se trouvant dans une autre région, ce qui l'obligeait à rester hors de chez elle trois à quatre jours par semaine alors qu'ils savaient pertinemment bien qu'elle avait un bébé de six mois à la maison ! Voyager n'était pas envisageable pour elle, n'ayant personne pour l'aider à atténuer les conséquences de son absence. En outre, l'entreprise manquant de personnel, elle devait assumer un autre poste et n'était pas parvenue à refuser cette charge écrasante.

Très logiquement, j'ai demandé à Claire ce qui l'obligeait à avoir accepté une telle charge de travail et elle a admis (1) vouloir être « parfaite » et (2) vouloir « servir » ou plutôt « sauver » les autres. « Dans quel but ? », lui ai-je demandé et, tout en l'invitant à explorer ses croyances, elle m'a répondu que sa véritable motivation était son besoin de reconnaissance.

Après plusieurs recadrages, en changeant ses perspectives, Claire a admis qu'elle était déjà reconnue par l'entreprise et qu'elle n'avait pas à se montrer continuellement digne de son poste. Je lui ai rappelé que l'objectif du coaching était de lui faire trouver la motivation pour accepter le nouveau poste et, dès lors, de la retenir. Je lui ai demandé quels étaient ses besoins en matière de reconnaissance et, une fois de plus, après quelques magnifiques déclics et prises de conscience, elle a compris que la meilleure reconnaissance ne pouvait provenir que d'elle-même.

Trois séances plus tard, Claire avait pris plusieurs décisions concernant ses responsabilités, tant au travail qu'à la maison, notamment qu'elle n'allait pas accepter le nouveau job pour pouvoir rester avec son bébé. J'ai clairement indiqué que, d'un point de vue éthique, vu sa décision de quitter l'entreprise, nous devions mettre fin à la mission de coaching, et nous l'avons fait dans un délai raisonnable. La dernière session a été consacrée à la planification de la succession, pour s'assurer qu'elle aiderait à faire la transition avec son employeur de manière efficace et coopérative.

Le respect est le facteur déterminant d'un leadership performant. Le degré de respect des personnes détermine leurs performances. – Brian Tracy[22]

Marquer son territoire

« Définir un territoire » est un thème classique pour les femmes dirigeantes, quelle que soit la taille de l'entreprise. Avec elles, je parle souvent d'éthologie et nous nous amusons à comparer les comportements des mammifères mâles et femelles. Voyez comment les loups, les chiens ou les chats marquent leur territoire. Les mâles urinent généralement aux quatre coins de leur territoire. Les lions font de très mauvais

---

[22] Brian Tracy, né le 5 janvier 1944 à Charlottetown, est un écrivain d'origine canadienne, connu pour ses conférences et ses citations inspirantes.

beaux-pères car ils tuent les petits de la lionne désirée pour qu'elle puisse assurer leur descendance propre.

En tant qu'humains, nous sommes souvent témoins de comportements similaires, et plus subreptices que dans le règne animal. Regardez comme une personne qui doit laisser son job à une autre – en politique, dans l'entreprise, ailleurs – aura tendance à faire table rase pour son successeur. Bien sûr, ce n'est qu'une tendance et beaucoup coopèrent en créant des successions heureuses.

N'empêche que le marquage de territoire reste un réel défi pour les femmes au travail. Elles mentalisent beaucoup, parfois trop : elles se focalisent sur le qu'en-dira-t-on alors que les hommes vont plus rapidement vers l'action. C'est ainsi qu'elles regrettent de ne pas avoir pris la parole au bon moment ou de n'avoir pas réussi à porter l'estocade face à une critique non justifiée, ou à défendre leur espace (physique, temps) contre un envahissement indu, par exemple.

Un bon coaching les aide généralement à oser prendre des risques, à devenir pionnières, à établir leurs limites, à dire non aux non-priorités et aux projets qui consomment du temps et de l'énergie, à se défaire de la culpabilité ou de la honte, et à s'accepter comme « magnifiquement imparfaites ». J'ai traité de cette problématique dans le premier chapitre du livre *Cas de coaching commentés*[23], avec l'histoire d'Annie qui s'était fait piquer son assistante, son espace personnel et pour cette

---

[23] Sylviane Cannio, Viviane Launer, *Cas de Coaching commentés*, troisième édition, Eyrolles, 2020.

femme, tout le bénéfice du coaching avait porté sur la mise en place de frontières claires et connues de tous.

Le respect, c'est...

Après de nombreuses années de coaching, de mentorat et d'introspection, je crois que le respect de soi et des autres peut être nourri par des actions et des comportements simples mais symboliques.

D'abord, s'écouter soi-même (corps et esprit) : notre corps réagit lorsque nous ne sommes pas respectés. Notre intuition peut nous guider dans la façon dont nous déterminons nos lignes de conduite. La colère est le principal moyen de la reconnaître ; la peur en est un autre. Identifiez l'origine du manque de respect, les circonstances qui peuvent l'exacerber et élaborez des stratégies pour établir des limites qui permettront d'en contrer l'impact.

Certaines limites peuvent être établies simplement : débrancher son téléphone portable, activer la fonction « messagerie », faire taire les sons signalant l'arrivée d'un courriel, promouvoir les activités qui nous remettent en énergie, poser des frontières claires avec les manipulateurs-culpabilisateurs et ceux qui nous font perdre du temps et de l'énergie.

Établir notre liste de priorités en prenant le temps de prendre soin de soi, en dormant et en mangeant bien, en faisant de l'exercice, en libérant notre esprit par des choses joyeuses et agréables. Le simple fait de marcher, de caresser un animal, de jouer avec un enfant, de rire avec un ami, de jardiner, de regarder un bon film, de méditer, etc.

Constitue un puissant moyen de se mettre au top de sa propre liste de priorités.

Souvenons-nous que nous sommes responsables de la façon dont notre entourage nous traite : c'est un plan de communication et d'éducation permanente ! Comme le précise l'hôtesse de l'air à chaque vol : « Mettez d'abord votre propre masque à oxygène avant celui de votre enfant ».

Autocoaching : réflexions sur le Respect

À présent que vous avez lu ce partage d'expérience, je vous invite à réfléchir au RESPECT :

- Dans quelle mesure est-ce que je me respecte ?
- Quand/où est-ce que je me sens respecté(e) ?
- Quand/où ne me suis-je pas senti respecté(e) ?
- Que dois-je décider maintenant au sujet de mon propre respect ?
- Quelle est une nouvelle habitude qui me permettra d'être plus respectueux(se) de moi-même ?

Maturité

Le jour où je me suis aimé pour de vrai[24],
j'ai cessé de vouloir une vie différente
et j'ai commencé à voir que tout ce qui m'arrive
contribue à ma croissance personnelle.
Aujourd'hui, je sais que ça s'appelle Maturité.

Est-ce parce que mon enfance avait été ardue que j'ai eu tant de difficultés à me définir ? Il m'a fallu du temps et l'exploration de plusieurs professions pour me sentir enfin chez moi dans le coaching et le mentorat. À 40 ans.

À 17 ans, impossible d'imaginer mon futur professionnel. Un an plus tôt, je voulais être décoratrice. À dix-huit ans, je voulais devenir diplomate, mais ma mère m'avait convaincu de suivre les mêmes études que les siennes pendant la guerre : assistante de direction, on disait encore secrétaire à l'époque.

Pendant ces deux années d'études, j'ai appris à taper plus de soixante mots par minute en quatre langues, la sténographie en deux langues, la comptabilité, la gestion de bureau, et de nombreux éléments utiles et pratiques,

---

[24] As I began to love myself, I stopped craving for a different life, and I could see that everything that surrounded me was inviting me to grow. Today I call it "MATURITY."

comme le classement des documents, que j'ai continué à utiliser. Ma mère m'avait dit : « Comme moi, fais des études courtes, pour pouvoir te marier tôt et avoir des enfants. » Souhaitait-elle améliorer sa vision de la vie à travers moi ou me faire prendre une voie corrigeant sa propre expérience ? Elle s'était mariée à trente-deux ans, ce qui était très, très tard dans l'environnement social des années cinquante et je suis née quand elle en avait trente-cinq. Personnellement, je me suis mariée à trente-huit ans et mon fils est né trois mois après la célébration de mes quarante ans... Mais nous allions entrer dans le troisième millénaire, un tout autre monde.

À vingt ans, impossible de m'imaginer dans le rôle d'assistante de direction, même si c'est un beau métier. Car je voulais être un leader. J'étais d'ailleurs cheffe d'une troupe de 25 guides de douze à quinze ans et je venais de me produire sur une grande scène bruxelloise, en chantant et en dansant, devant 600 personnes dans le cadre d'une activité estudiantine. Je rêvais encore que le prince charmant allait venir me chercher sur son beau cheval blanc. C'était loin de la réalité. L'élément positif est que pendant mes études de future assistante de direction, j'avais perdu plus de 18 kg, grâce à un régime drastique et à des stimulants thyroïdiens – la mode dans les années 70 pour un régime efficace – dont j'ai appris une vingtaine d'années plus tard qu'ils étaient très nocifs pour le métabolisme.

J'étais mieux dans ma peau, certes, et pouvais me permettre des pantalons blancs moulants... mais j'avais toujours une sorte de complexe d'infériorité en voyant que beaucoup de copains étaient à la fac. Pourquoi pas moi ?

J'étais pourtant encore sous l'influence de ma mère m'assurant que l'université était « trop difficile pour moi ». J'hésitais encore : à part mon père, personne dans ma famille proche n'était allé à l'université et celle-ci représentait encore le Graal aux yeux de ma mère.

Je me souviens avoir demandé à mon adorable ami Serge W, aujourd'hui décédé, comment « on s'habillait à l'université » et « s'il pensait que j'allais être capable de suivre les cours ». Et Serge de me secouer : « M'enfin, Syllou, tu as vraiment tout ce qu'il faut pour réussir ! ». Merci mon ami, tu auras été déterminant dans la force qui m'aura fallu pour imposer à ma mère que j'aille à l'université ! Elle allait financer mon logement et mes frais de nourriture et j'allais travailler pour m'offrir une voiture, des vêtements et des sorties. Je le ferai tellement bien qu'à dix-neuf ans, je réussirai à m'acheter une Porsche d'occasion. Le patron de l'entreprise où j'opérais en tant qu'assistante marketing m'avait confié qu'un de ses amis vendait sa voiture et que si « c'était pour moi, il allait l'encourager à me la laisser à un très bon prix »... J'ai donc négocié l'achat de la voiture contre un an de travail tous les mercredis après-midi. Pas mal, à cet âge, et source d'admiration – ou de jalousie – durant les études universitaires que j'avais enfin entamées. La Porsche était à cette époque la stratégie que j'avais élaborée pour attirer l'attention, surtout des garçons. Lors de cette première année de fac, j'étais entourée de nobles, de 'fils ou filles de' cadres connus dans le milieu économique, de très jolies filles et de garçons splendides, et mon estime restait basse (je pesais plus de 90 kg). La voiture fut dès lors un 'outil' me permettant de rehausser mon estime de moi. Récemment, lors d'un dîner de famille, ma cousine a demandé à mon compagnon qui m'avait connue à l'université si la voiture et le fait que j'avais "un bar bien fourni" avaient été déterminants pour mon entourage amical et il lui a répondu que c'étaient davantage ma joie de vivre et mon dynamisme qui me rendaient populaires. Ma perception de l'époque était donc faussée.

Cela dit, à dix-neuf ans, je rêvais de travailler pour une entreprise ou une organisation internationale, donc à la fois pour le secteur privé et le secteur public mais je n'arrivais pas à choisir entre les sciences économiques appliquées et les sciences politiques. Qu'à cela ne tienne, j'ai opté pour les deux en même temps ! Commença alors une course à toute vitesse. Imaginez suivre les cours dans deux facultés différentes – donc dans deux bâtiments différents, m'obligeant de courir rejoindre l'autre fac pour le cours suivant... Je n'aurais pas pu le faire sans le soutien de Daniel D. Nous échangions nos notes, partagions nos résumés de bouquins et des cours principaux, et arrivions à gérer le cauchemar d'avoir deux examens le même jour dans les deux facultés/locaux différents. Nous avons réussi ! Nous avons tous les deux obtenu notre maîtrise en économie appliquée ET notre maîtrise en relations internationales-administration publique (intitulé des Sciences Po dans notre université à l'époque).

Je veux tout, assurément !

Une fois de plus, j'étais confrontée à un choix : allai-je me faire engager par une entreprise privée ou entrer dans le secteur public ? En dernière année de fac, j'avais participé à un concours organisé par le ministère des Affaires étrangères et offrant à une quinzaine de lauréats un stage dans l'une de nos ambassades. J'ai gagné ma place et j'ai été acceptée à un stage à la section économique de notre ambassade à Kinshasa, au Congo (encore appelé Zaïre à l'époque). Deux mois plus tard, j'étais admise à un stage de six mois à Singapour. J'avais été sélectionnée deux fois ! Je me souviens m'être préparée pour le Zaïre et avoir reçu un appel téléphonique du représentant de l'AIESEC[25], une association internationale d'étudiants en économie, qui proposait des stages dans le monde entier. Le 17 août, j'ai reçu un appel téléphonique du représentant de l'AIESEC :

— Mlle Cannio ?

— Oui ?

— Nous avons un stage pour vous.

— Oh bien ! Où ça ?

— À Singapour.

— Ouah ! Pour quelle société ?

— IBM.

— (long silence – j'étais assommée) Pour combien de temps ?

---

[25] Association Internationale des Etudiants en Sciences Economiques et Commerciales – créée en 1948, cette association sans but lucratif met en contact des étudiants du monde entier pour leur faire vivre une expérience de travail dans un autre pays. A ce jour, elle a offert plus de 230 000 stages à des jeunes leaders de 126 pays.

— Six mois.

— Et cela commence quand ?

— Dans deux semaines. (Mais je devais encore rendre mon second mémoire, en Sciences Po !)

— Est-ce envisageable que je puisse arriver à la mi-septembre ?

— Vous devrez négocier cela avec l'entreprise.

— OK, et quand dois-je répondre à cette offre ?

— J'ai besoin de votre réponse tout de suite.

— (Silence, je suis toujours assommée car j'avais un appartement et trois chats… Comment allais-je m'organiser en si peu de temps ? Mais j'ai quand même répondu) OK, je prends le job !

(Le reste de la conversation porta sur les détails pratiques)

En un an, j'avais donc travaillé pour IBM à Singapour et pour le ministère des Affaires étrangères en Afrique. J'ai adoré les deux ! J'ai rencontré des gens formidables, pris des tas d'avions et autres moyens de transport car j'ai profité d'être présente dans les deux destinations pour largement rayonner dans la région. J'ai expérimenté des cultures très différentes et j'ai beaucoup appris, aussi bien en termes commerciaux que diplomatiques. Quelle chance d'avoir pratiqué un éventail d'activités si large en si peu de temps ! Aujourd'hui, les étudiants trouveraient cela plutôt normal, mais dans les années 80, nous avions très peu de programmes d'échanges universitaires et les voyages étaient plus difficiles à entreprendre.

Mon rêve était de trouver un emploi international avec des personnes aux profils multiculturels… et de trouver le prince charmant. En fait, il était là, l'homme de mes rêves, juste devant moi ! Je l'avais rencontré quelques mois avant de partir à Singapour : il était médecin au sein d'une expédition que nous organisions en Afrique (qui n'a finalement pas eu lieu faute de financement). Le mec idéal : beau comme un Dieu, intelligent, plein d'humour et… amoureux de moi. Mon idéal d'homme. Las ! je partais pour Singapour et lui s'en allait pour en stage au Chili. Pas grave, nous pourrions nous revoir au retour.

À Singapour, une invitation à postuler auprès d'une célèbre multinationale américaine m'est parvenue. Une journée entière d'interviews a donc été organisée à mon retour. Après plusieurs entretiens et une grosse batterie de tests de personnalité et *tutti quanti*, ils m'ont sélectionnée (je m'étais laissée dire qu'ils recrutaient un candidat sur 400 !). J'étais aux anges. Alors que cette expérience vaut toujours son pesant d'or sur mon CV, c'était un premier pas dans une direction qui n'allait pas me convenir – mais je n'en étais pas encore consciente.

Imaginez qu'après vous être senti(e) libre en Asie et en Afrique, vous deviez commencer à faire la navette tous les jours vers le centre-ville aux heures de pointe ; que vous deviez travailler dans un espace restreint avec des collègues qui n'avaient pas la possibilité de voyager et des collègues responsables de marques dont l'objectif de vie était d'augmenter la part de marché de leurs marques en portefeuille. Ce n'était ni ma quête, ni ma finalité, ni ma façon de vivre. De plus, je me sentais coincée sur le plan personnel, car mon cher amour ne répondait ni à mes lettres ni à mes appels téléphoniques – pas de courrier électronique ni de téléphone portable à l'époque ! Nous ne nous rencontrions que quelques fois par an.

Je rêvais encore de ma vie internationale parfaite mais, oui, j'étais prisonnière de ce job ultra convoité par mes potes de fac mais pas réellement par moi. Je voulais davantage mais je n'osais pas le dire et je ne disposais d'aucune aide ou d'avis suffisamment neutre pour m'aider à déterminer ce que je souhaitais vraiment – le coaching, dans sa version moderne, n'est apparu que quinze ans plus tard et je n'avais ni grands-parents ni conseiller proche, désintéressé et bienveillant, pour confier mon questionnement.

Le résultat aura été le mauvais choix que j'ai fait à 25 ans et que j'ai expliqué dans le chapitre sur l'authenticité – soit une année d'illusions suivie d'une déroute financière majeure et d'une dépression fondée sur une perte d'estime de moi. Je n'étais pas encore consciente que la recherche de la vie parfaite eût un coût… Après cet épisode d'apprentissage et beaucoup de souffrances morales et financières, je me suis redressée. J'avais vingt-sept ans. Mon amie Monique DS m'a annoncé l'ouverture d'un poste d'assistant scientifique à l'université et m'a précisé que j'avais toutes mes chances. C'était un pas en arrière, mais une belle façon de me retrouver dans le monde universitaire et d'apprendre à enseigner. Cela a fonctionné à merveille : organiser des conférences, écrire des livres, mentorer les étudiants pour la réalisation de leur mémoire, jusqu'au moment où j'ai été invitée par des amis à faire un saut en parachute – « Chiche que tu n'oseras pas... » Vous en saurez plus à ce sujet dans le chapitre sur la confiance en soi.

Nous recevons exactement ce que nous attendons. – John Holland[26]

Parachutée dans une nouvelle vie

L'univers a cette capacité de nous envoyer des défis au bon moment et de nous placer pile à la croisée des chemins. Avec le saut en parachute et l'immobilisation forcée qui a suivi est arrivée une autre vie. Je trépignais de pouvoir voyager à nouveau... et je pouvais recommencer à le faire. Cette fois-ci en tant que reporter, car j'avais été nommée rédactrice en chef du magazine *Nord-Sud*, traitant des questions de développement : un job tout à fait dans mes cordes du fait de mon expérience africaine. J'ai repris ma plume et mes avions, me suis retrouvée en zone de guerre et à l'assemblée générale de l'ONU, à New York, aux institutions internationales à Genève, au Japon, dans plusieurs pays africains, etc. C'est à cette époque que j'ai accompli mon premier tour du monde avec un budget rikiki (le dollar était à 1,50 euro à l'époque !). I was back !

---

[26] John Holland, né le 6 novembre 1988 dans le Bronx, à New York, est un joueur américano-portoricain de basket-ball.

C'est aussi à ce moment-là que j'ai découvert que mon amour était tombé amoureux... d'un autre homme.

J'avais lutté pour le changer, essayé de le séduire, fait tout mon possible pour le convaincre de sortir avec une femme et non avec un homme. On ne peut pas changer le cours des événements quand ils sont évidents. Je ne comprenais pas pourquoi il ne communiquait pas avec moi et il a fallu plus de deux ans avant qu'il puisse faire son *coming out* devant moi. J'étais dévastée. Je ne pouvais pas me battre contre un autre homme. Mon amour était parti pour toujours. C'était une énorme désillusion, si triste, si décevante.

Aujourd'hui, nous restons d'excellents amis et nous maintiendrons cette compréhension mutuelle, cette gentillesse et cet amour l'un pour l'autre pour le reste de notre vie. Mais il aura fallu encore douze ans pour que j'accepte d'épouser celui qui sera le père de mon enfant.

J'étais journaliste et je commençais à enseigner à l'université, suivant mon nouveau principe « ne jamais mettre tous ses œufs dans le même panier ». Et j'ai commencé à écrire pour des magazines d'entreprise. Ces trois activités me faisaient à nouveau trimer plus de 80 heures par semaine, sans véritable pause. Je me noyais dans des activités frénétiques, en essayant de ne pas trop réfléchir. Aujourd'hui, je sais que c'était ma façon de surmonter mon chagrin, comme l'explique notre modèle Evolution Loops[27] (créé avec Viviane Launer). Le modèle

---

[27] Les Evolution Loops sont expliqués dans notre livre Cas de Coaching Commentés et dans un webinaire donné dans le cadre d'ICF Synergie

montre que les personnes qui bloquent le deuil peuvent adopter des comportements passifs et l'un d'entre eux est appelé « suractivité » ; c'est une façon de se perdre dans des activités stressantes qui ne laissent pas le temps pour réfléchir et de s'affliger. Malbouffe, désespoir, désillusion et solitude m'avaient surtout fait dépasser la barre des 100 kg...

Comment se centrer quand les œufs sont éparpillés ?

De l'extérieur, ma vie semblait merveilleuse : j'enseignais à l'université, j'avais ma chronique hebdomadaire dans un célèbre magazine (très stressant !), j'écrivais des articles pour des magazines d'une demi-douzaine de sociétés... et je formais des cadres en communication. De l'intérieur, je crevais de solitude... Beaucoup de mes amis étaient mariés et avaient des enfants, se concentrant davantage sur leur vie de famille. Plusieurs années s'étaient écoulées à ce rythme effréné et j'avais plus de trente-cinq ans et n'étais toujours pas mariée. Et pour couronner le tout, je continuais à épurer les dettes contractées à 26 ans et, de plus, j'économisais de l'argent pour construire une maison.

La maison est devenue mon prochain objectif et m'a permis d'avoir un but plus élevé. En fait, ce n'était pas une

---

que vous pouvez trouver sur YouTube : https://www.youtube.com/watch?v=0tohZyUirg4

maison que je cherchais, mais mes propres racines alors que j'avais déjà déménagé près d'une dizaine de fois depuis ma naissance. Je voulais me construire une nouvelle base stable et j'ai eu l'occasion – voyez comme l'Univers est bon – de la construire sur un terrain situé précisément à côté d'une maison construite par mon père à la fin des années 50 !

Si vous travaillez sur quelque chose qui vous tient vraiment à cœur, vous n'avez pas besoin d'être poussé. C'est la vision qui vous attire. – Steve Jobs[28]

Toute mon énergie s'est concentrée sur ce nouveau projet. Il m'a vraiment aidée à rationaliser mes activités dans un but plus élevé. Vous semez, vous récoltez : un principe du karma. Mes années, de trente-cinq à quarante ans, furent encore assez mouvementées, mais mon énergie était très élevée. J'étais prête pour un nouveau saut quantique, donc pour une vie encore toute différente : c'est à ce moment-là, en effet, que j'ai opté pour le coaching et que j'ai créé ma propre famille.

Assistante marketing, puis directrice marketing, assistante scientifique, entrepreneuse, membre de la section économique d'une ambassade, journaliste, enseignante, copywriter, administratrice de trois sociétés : voilà les professions que j'avais embrassées avant mon

---

[28] If you are working on something that you really care about, you don't have to be pushed. The vision pulls you. – Steve Jobs

quarantième anniversaire. Je vous l'ai dit : je n'arrivais pas à choisir !

Le plus grand changement a été généré par deux éléments majeurs : l'arrivée de mon petit garçon et la découverte du coaching, toute nouvelle profession à la fin des années 90. J'allais enfin me centrer sur ce que je préférais dans la vie : le coaching, la formation et le mentorat des coachs, tout en continuant à écrire et à voyager.

Cependant, ma priorité était devenue ma vie de famille. Des années plus tard, je suis toujours sur la même voie, même si je suis constamment à la recherche de défis à relever. La grande différence, c'est que je le fais maintenant avec le sentiment d'avoir atteint mon dernier port, ma paix intérieure, et d'avoir trouvé mon fil rouge, ma mission de vie : transmettre et diffuser l'amour (des autres et de soi) et aider les personnes à trouver leur chemin de vie.

Clin d'œil du coach :

Trouver sa mission de vie permet d'orienter ses actions en fonction d'un thème fondateur, à long terme. Une façon de la trouver est de se poser la question : « Quelle est l'action que je voudrais que l'on retienne de moi le jour où je serai parti de ce monde ? ». Ou, si vous préférez : « Qu'aimerais-je faire des xx années de vie qui me restent ? »

Pour vous y aider, sélectionnez une série de photos provenant de magazines ou d'internet, une série de citations qui vous parlent et construisez votre grand poster de vie (un panneau en carton ou une feuille de paperboard).

Ce sera un magnifique patchwork visuel qui vous aidera à positionner vos actions sur un fil rouge. Belle découverte !

Apprivoiser l'impatience

Mon plus grand changement était interne. Je commençais enfin à apprivoiser mon impatience et ma gourmandise. J'ai cessé d'avoir envie d'une autre vie. Aujourd'hui, je veux simplement rationaliser mon énergie dans des activités où je peux exercer un effet de levier et avoir un impact plus important, car les années semblent de plus en plus courtes.

Dans mes relations, j'ai appris à regarder à deux niveaux : ce que les gens montrent et ce qu'ils ne veulent pas montrer, même si cela semble assez visible de l'extérieur. Une personne crie devant moi ? Avant, je réagissais, souvent dans la même énergie. Aujourd'hui, je me pose la question : à quoi sert cette colère ? Cache-t-elle une douleur plus profonde ? Y a-t-il un deuil en cours ou y a-t-il un déni du deuil ?

Lorsqu'une personne me parle ou m'invective, je me demande quelle est l'invective qu'elle s'envoie à elle-même. Bien que je ne renie pas mon côté émotionnel – je ne suis pas un robot – j'ai appris à prendre de la distance, à devenir plus tempérée. Je préfère garder le silence et ne pas utiliser de mots qui pourraient blesser l'autre personne[29]. Bien sûr,

---

[29] Je fais ici référence aux Accords toltèques, retrouvés par Don Miguel Ruiz, et notamment les accords « Ma parole sera toujours impeccable » et « Je ne prends pas les choses personnellement ». Ces accords permettaient aux Toltèques, civilisation précédant les Aztèques au Mexique, de vivre de façon plus harmonieuse grâce à ce code de conduite en communauté. Ces accords guident également ma philosophie de vie. Ils vous sont présentés dans l'annexe 4.

je fournis un feedback négatif quand c'est nécessaire, mais j'essaie de trouver le moment approprié pour le faire, avec respect et avec la bonne formulation.

Par ailleurs, je m'autocoache continuellement et dans les moments difficiles, j'appelle un ou une collègue à l'aide et, surtout, je recadre la situation en me souvenant de la chance que j'ai d'être en pleine forme à mon âge, entourée de personnes magnifiques, d'exercer un métier qui me passionne, de vivre dans la maison que j'ai construite et qui répond pleinement à mes besoins. Enfin, je me souviens systématiquement de deux pensées de la Sagesse éternelle (Bible, Bouddha, philosophies antiques) qui m'aident beaucoup :

(1) « Et cela aussi passera. »

(2) « L'art du bonheur, c'est arriver à être séduit par ce que l'on a déjà. »

Le jardin du voisin est plus vert

Mon chemin, in fine, est très courant : tant de personnes éprouvent des difficultés à orienter leur vie personnelle ou leur carrière. Cela commence avec les étudiants en fin de parcours de lycée. Elle se poursuit avec la compétition qui s'enflamme à la sortie de la fac ou d'une grande école : obtenir le meilleur emploi, le/la meilleur(e) partenaire de vie, la plus belle maison, la voiture la plus performante, les vacances les plus exotiques... et des enfants à l'éducation par-fai-te. Tant de gens sont proches de l'épuisement professionnel parce qu'ils ne peuvent pas se reposer une minute. Toujours en alerte, sous pression. Même pendant les vacances, ils organisent un programme pour maximiser leurs visites dans des endroits célèbres et « instagrammables ». Et surtout, ils bafouent leurs propres valeurs.

Tant de professionnels se battent pour obtenir un autre emploi, puis le regrettent amèrement, car celui-ci ne répond pas à leurs attentes. Comme cette jeune femme, cadre supérieure dans une grosse entreprise, qui avait retrouvé le poste dont elle avait démissionné après avoir été violemment harcelée par un supérieur. Lorsqu'elle a pris ses fonctions dans un autre secteur, elle a réalisé qu'elle avait démissionné trop tôt car le nouvel emploi ne répondait pas à ses attentes. Elle était si talentueuse que son ancien employeur l'a immédiatement récupérée à un poste plus élevé. En coaching, elle a travaillé sur ses frontières, son estime de soi et son assertivité pour qu'un tel harcèlement ne puisse plus jamais se produire.

D'autres personnes ont malheureusement quitté la proie pour l'ombre, et accepté des emplois qui semblaient merveilleux mais qui se sont avérés décevants. Il leur a été demandé de s'adapter à des environnements qui ne correspondaient pas à leurs valeurs. Dans ce cas, le coaching/mentoring était là pour les aider à se recentrer et à retrouver leur identité, redéfinir leurs valeurs et leur conférer une nouvelle énergie pour s'offrir un objectif supérieur.

Se réinventer tout en appréciant son jardin

La crise du coronavirus aura été terrible pour les uns et une formidable occasion de se réinventer pour les autres. J'ai beaucoup d'admiration pour le restaurateur qui s'est mis à livrer des plats à domicile ou ce spécialiste en événementiel qui a créé des plats traiteurs pour Noël, comme ma super voisine Sharon. Contrairement à ce que l'on peut croire, le virus a changé les paradigmes et nous a appris à avoir la foi dans l'avenir. Personnellement, je n'ai bénéficié d'aucune allocation de chômage ou de couverture pour perte de business. J'ai maintenu le contact avec mes clients existants, travaillé de façon virtuelle, en individuel et en équipe durant les confinements et poursuivi ma diversification en créant des programmes de formation internationaux, notamment pour la Chine et la Russie.

Le truc ? Appliquer un bon vieux précepte de gestion stratégique, auquel la plupart des entreprises à forte croissance recourent : la diversification concentrique que l'on constate chez les Danone, Unilever, Procter & Gamble, les banques qui font de l'assurance, les concessionnaires de voitures qui proposent des financements, et bien d'autres encore. Cette idée, excellente mais complexe, consiste à marquer plusieurs coups avec la même pierre. Par exemple, ajouter des fonctionnalités à un produit pour s'ouvrir une nouvelle clientèle, nationale ou internationale. Ou ajouter un canal de distribution, comme la commande par internet pour les plats emportés ou les accessoires de mode vendus en boutique. Ou ajouter des produits à partir de son canal de distribution actuel, comme ce restaurant qui s'est mis à vendre des sapins de Noël, ou cette librairie ou ce magasin de jouets qui ont ajouté des huiles essentielles ou des plats à emporter aux commandes de leurs clients.

La maturité, c'est aussi comprendre que la routine et l'endormissement sont délétères pour le moral. Je l'ai vécu : après quatorze années de formation de nouveaux coachs, entre 2006 et 2020, je me suis rendu compte que je perdais de l'énergie et qu'à force de soutenir les coachs débutants et les aider à gagner en puissance, je m'épuisais et n'apprenais plus. J'ai donc bifurqué vers le mentorat, la supervision de coachs plus expérimentés qui m'apportent des cas où je peux apprendre ; je suis repartie sur les bancs de l'école en m'inscrivant à de nouvelles formations et me suis surtout remise en question, mais sans quitter mon joli jardin et sa pelouse si verte.

Réflexions sur l'autocoaching : Maturité

Maintenant que vous avez lu ce partage d'expérience, je vous invite à réfléchir à votre niveau de MATURITÉ :

- Que signifie la maturité pour moi ?
- Qu'est-ce que je crois de ma propre maturité ?
- Quel est mon degré de confiance dans mes comportements sociaux ?
- Comment pourrais-je mesurer ma maturité émotionnelle ou mentale ?
- Quelle nouvelle habitude dois-je choisir de développer pour devenir plus mature ?

Estime de soi

Le jour où je me suis aimé pour de vrai[30],
j'ai compris qu'en toutes circonstances,
j'étais à la bonne place,
au bon moment.
Et, alors, j'ai pu me relaxer.
Aujourd'hui, je sais que ça s'appelle Estime de soi[31].

Au début des années 2000, j'ai découvert un concept qui a vraiment changé ma vie : les positions de vie, ou OK-Corral de Frank Ernst Jr, un spécialiste de l'analyse transactionnelle. Pour lui, les gens ont quatre façons de se regarder et de regarder leur environnement : soit ils se trouvent « OK » par rapport à un environnement qui l'est aussi et leur vie est belle et fructueuse, soit ils se trouvent « non OK » par rapport à un environnement qui est « OK » et ils développent un complexe d'infériorité, soit ils se trouvent « OK » par rapport à un environnement qui ne l'est pas et développent alors un complexe de supériorité, soit se trouvent « non OK » dans un monde qui ne l'est pas non plus et la vie leur paraît vraiment noire et sans espoir. Le modèle est décrit dans l'annexe 2.

---

[30] As I began to love myself, I understood that at any circumstance,
I am in the right place at the right time, and everything happens
at the exactly right moment. So, I could be calm.
Today I call it "SELF-CONFIDENCE."

[31] En anglais, Kim McMillen mentionne « self-confidence », la confiance en soi. J'ai préféré parler de l'estime de soi et j'en donne les raisons un peu plus loin dans ce chapitre.

Ce concept a vraiment changé ma vie, car je me pose systématiquement la question : « Est-ce qu'en ce moment précis, je suis dans une position OK ? » ou « Est-ce que je considère cette personne comme une personne OK ? ». Il peut aussi arriver qu'en raison de la fatigue, je me sente épuisée, voire quelque peu déprimée. Cela ne dure généralement pas longtemps, car je recours à mon mantra : « Je suis OK dans un monde OK » et, d'emblée, je vais beaucoup mieux. Expérimentez : vous verrez que c'est une simple discipline et que cela fonctionne magnifiquement bien. Le coaching consiste précisément à ramener le client dans une zone d'« OK-ness » en l'aidant à recadrer la situation de façon plus positive et, surtout, à se positionner en « OK-ness » par rapport aux autres (et à lui-même, s'entend).

Un manque de confiance en soi est facilement perceptible

La confiance en soi est étroitement liée à l'estime de soi, et l'estime de soi est étroitement liée à la perception que l'on a de soi et des autres, et à la façon dont ils nous perçoivent.

Tant de personnes dépensent une énergie folle à se prouver qu'elles méritent l'amour et la paix intérieure. Le problème est que de nombreux signes de « non OK-ness » sont perceptibles par les autres et il est important d'en être conscient. Voyons quelques exemples de la façon dont la « non OK-ness » se manifeste par des comportements et comment y remédier.

Adopter une attitude corporelle appropriée

Notre corps est une manifestation claire du manque de confiance en soi. C'est comme dans le règne animal : un chien penche l'échine devant un supérieur alpha. Dans une basse-cour, se trouve toujours une poule sans plume dans la nuque. Les autres poules continueront à la piquer tant qu'elle n'aura pas redressé la tête – sauf si c'est la poule hypersexy que le coq choisit tout le temps et qui lui mordille le cou durant ses ébats.

Regardez bien et vous reconnaîtrez immédiatement une personne en état de non-OK-ness. Cela se voit particulièrement bien lors d'un match de tennis. Nous sommes au tie-break, les deux joueurs sont ex aequo. Vient un moment où l'un d'entre eux baisse les épaules et le regard. Il sait qu'il a perdu. Le clic mental a eu lieu. On le voit également sur les poteaux du jeu télévisé Koh-Lanta, c'est la même chose. Tout passe par le mental.

Je ressens immédiatement un manque de confiance en moi ; c'est comme si mon corps rétrécissait. Mon regard file vers le bas, ma salive change de goût, mes épaules sont molles. Mais j'ai une routine que je tiens de ma collègue Marleen Boen – c'est un petit acronyme très facile à mettre en œuvre que voici agrémenté de quelques-unes de mes expériences : **HOPLA**.

H – Haute la tête. Si vous levez les yeux vers le haut (pas la tête, seulement les yeux), il vous est impossible d'être triste. Faites l'expérience !

O – Ouverture. Je reste curieuse de tout ce qui m'arrive car toute expérience, bonne ou mauvaise, est un nouvel apprentissage qui m'aide à grandir.

P – Positive Attitude – Comme je suis ce que je pense, mieux vaut penser gagnant. Lorsque je me sens basse en énergie ou quand je suis confrontée à des défis difficiles, j'utilise mon mantra : « Rien ne me résiste. » Cela peut paraître pédant ; en fait, nous sommes tous capables d'atteindre le sommet de la montagne à condition de la gravir un pas à la fois. Et cela fonctionne. Le truc est de découper le projet en tout petits morceaux – un par jour, par exemple, et de se satisfaire de l'avancée du jour. Essayez, vous verrez !

L – Laughter[32] – Rire. Le Dr Maidan Kataria, créateur des Clubs de Rire, était venu à la maison alors que j'étais encore avec mon mari indien, au début des années 2000. Il avait tant aimé les chapatis et les plats super épicés ! Sa devise ; quand il s'agit de se mettre à rire à partir de rien, est « Fake it, fake it until you make it[33]! ». Tentez le coup : mettez-vous à rire sans raison (mieux vaut être seul dans sa voiture ou chez soi) ou riez d'une situation cocasse. Le cerveau ne fait pas la différence entre un rire feint et un rire sincère : il produit de l'endorphine. Vous constaterez que votre rire va s'amplifier et que vous finirez vraiment, oui vraiment, par vous offrir un beau fou rire. Vingt minutes de rire produisent autant d'endorphine qu'un jogging de plusieurs kilomètres… sans la transpiration.

---

[32] Le modèle HOPLA a été conçu en anglais : Head high, Open attitude, Positive Thinking, Laughter, Action.

[33] Faites semblant, faites semblant jusqu'au moment où vous y arrivez !

A – Action – vous vous sentez raplapla ? Faites une promenade, dansez trois minutes, chantez à tue-tête, faites du sport, passez l'aspirateur en dansant, jardinez, et j'en passe. Voici quelques chansons anti-déprime à stocker sur son portable : « Don't Stop me Now » de Queen, « Nine to Five » de Dolly Parton, « Uptown Funk » de Bruno Mars, « Waka Waka » de Shakira, un bon vieux Clo-Clo, et bien d'autres encore. Faites-vous une « playlist » sur votre téléphone et profitez-en !

Accepter les signes de reconnaissance

Il m'a fallu beaucoup de temps pour arriver à dire simplement « Merci » quand je recevais un compliment. Je renâclais : « Oh, mais j'ai acheté cela en solde… », « Vous aussi, vous avez une jolie veste », « Vous êtes sûr ? » Au fond de moi, je ne me sentais ni le droit ni le mérite de recevoir le compliment – j'étais en non OK-ness. Aujourd'hui, si le compliment est authentique (pas de beurrage, s'il vous plaît), je remercie la personne et j'apprécie. La gratitude est notre meilleure copine. Elle remplace la gêne : quelle joie !

Se placer en « référence interne » et ne plus mentaliser

C'est très féminin : les femmes ont tendance à demander l'avis des autres avant d'oser se lancer. Elles se placent en « référence externe » (se fonder sur les avis extérieurs pour décider) alors que les hommes, plus décisifs, sont plus souvent en « référence interne » à savoir qu'ils osent lancer une tendance, prendre une décision impopulaire, aller de l'avant en prenant plus de risques.

Beaucoup de femmes n'osent pas aller de l'avant car elles mentalisent. Cela pourrait être de la modestie, mais bien souvent, je crains que ce ne soit qu'un signe de manque de confiance en soi. Chaque fois que j'ai osé – pour les cas les plus extrêmes, partir à Singapour à 23 ans, sauter en parachute, faire le tour du monde, lancer mon entreprise chinoise en 2019 – j'ai eu un petit moment de doute et puis, j'y suis allée, mais sans en parler à mon entourage souvent réfractaire au risque. Je me suis appuyée seulement sur des pros qui pouvaient me prodiguer des conseils avisés.

Ainsi, je me suis rendu compte que, depuis le début de ma carrière, j'ai toujours entrepris des projets « Océan bleu » (Blue Ocean), un concept offert par W. Chan Kim et Renée Mauborgne dans leur ouvrage *Blue Ocean Strategy*[34]. Aujourd'hui, accompagnée de partenaires audacieux, je suis toujours dans la même veine car elle est passionnante : l'introduction du mentorat avec une attitude coaching en Chine et la gestion des connaissances tacites au niveau mondial. Oser, toujours oser. Comme le disait Bébel : « Je ne pense jamais à mon passé. Devant, devant, devant ». Il avait raison.

---

[34] W. Chan Kim et Renée Mauborgne, *Blue Ocean Strategy*, Harvard Business School Press, 2006.

Se fixer des objectifs réalistes

Le meilleur moyen de se saboter – et donc de raboter son estime de soi – est de se fixer des objectifs trop ambitieux. Tant de fois, quand je décidais de perdre du poids, je me voyais immédiatement avec 10 kg en moins, et je me démotivais rapidement au bout de quelques jours car ce n'était pas assez rapide pour moi.

En fait, cela ne pouvait pas fonctionner pour deux raisons :

1. Personne ne veut « perdre » quelque chose ; cet objectif est négatif.

2. Perdre autant de poids en un laps de temps très court, c'est comme vouloir escalader une montagne en un seul pas : c'est irréaliste.

Cela s'est produit dans d'autres facettes de ma vie où je me fouettais continuellement pour me prouver ma propre valeur. Non seulement je n'atteignais pas mon but mais mon moral était encore plus bas qu'auparavant.

Aujourd'hui, j'écris mon histoire, chapitre par chapitre, étape par étape. Pas besoin d'escalader l'Everest pour confirmer sa valeur personnelle. Mieux vaut se fixer un à trois objectifs réalisables par jour et être satisfait lorsqu'ils sont atteints. J'ai vu clairement la différence de pression depuis que j'ai décidé et mis en œuvre ce principe. Premièrement, j'avance maintenant beaucoup plus vite et plus facilement ; deuxièmement, mon estime de soi est bien plus élevée.

Oser se montrer en étant soi

À treize ans, ma mère m'obligeait à me cacher dans des vêtements amples et m'empêchait de porter des pantalons car ils montraient trop mes fesses et mes cuisses. Elle m'habillait en Diolen et chez sa couturière… Résultat : j'étais souvent vêtue comme une petite vieille, une « dadame », et donc la risée de mes camarades de pensionnat. Aujourd'hui, je choisis les vêtements qui me vont bien, et je mets des ceintures, des jeans, quelques vestes étroites, et, par-dessus, je porte des bijoux fantaisie ou un joli collier de perles de même qu'une belle écharpe qui illumine mon visage. Le tout dans des couleurs vives : j'adore le bleu pétrole, le rose et le rouge ! Plus l'hiver est gris, plus les couleurs sont vives. Regardez les saris des Indiennes – mêmes pauvres, elles s'habillent dans des couleurs vives ; cela égaie leur vie ; elles ont raison.

Ma décision est d'être moi-même, et j'ai intégré le principe selon lequel je ne peux pas plaire à tout le monde. C'est impossible. Le plus amusant est que je gagne un temps fou : dans ma vie privée, je ne vois plus que les personnes qui m'apprécient vraiment pour ce que je suis.

Alors, habillez-vous comme vous le souhaitez, créez votre mode, ciselez votre personnalité vestimentaire et, surtout, montrez-vous à l'aise, quel que soit votre aspect physique. Soyez fier/fière de qui vous êtes ! Voyez d'ailleurs comme des top-modèles qui ont des imperfections corporelles sont admirées : elles donnent le ton même si elles sont en surpoids (comme dans les pubs Dove) ou souffrent d'un handicap ou d'un trouble de la peau (impétigo, par exemple).

Avoir confiance en soi, c'est rayonner. Et cela démarre de l'intérieur.

Arrêter de faire du bruit pour se rassurer

Certaines personnes adorent truster l'espace en public : elles posent beaucoup (trop) de questions lors d'un séminaire, sont des boute-en-train à table, parfois de véritables fanfarons, et souvent appréciées car elles mettent de l'ambiance. Cela m'est arrivé, et plus d'une fois d'ailleurs. Je prenais ce rôle car j'avais besoin de me sentir acceptée par les autres.

Nul besoin de jouer de rôle. De toute façon, quand c'est forcé, cela sonne faux. Mieux vaut laisser les choses se faire naturellement. Quoi de plus jouissif de voir mon ami Pablo prendre une de mes guitares et débuter un « bœuf » (une série de chansons improvisées) – j'achète ! Ou d'écouter mon collègue Stéphane, pianiste de grand talent, et répondre à son invitation s'il me demande d'improviser avec lui. Je m'éclate en chantant avec eux car je me sens à l'aise et appréciée sans falbalas.

En revanche, je ressens rapidement quand l'événement ne me convient pas. Dernièrement, je n'ai pas renouvelé mon adhésion à un club d'affaires dont les conférences, cocktails et festivités étaient en conflit avec mes horaires de travail et surtout parce que je sentais que les participants préféraient rester entre eux, en petits groupes. On le voit d'emblée : quand vous vous approchez d'un groupe trustant une table haute sur laquelle est placé un plateau de zakouskis ou de chips, ils vous laissent à peine passer et referment immédiatement le cercle une fois que vous vous êtes servi. Le message est plutôt clair, la muraille est dressée.

Aujourd'hui, je n'ai plus besoin de me sentir acceptée. Si je sens que l'investissement en énergie est trop important et que l'enjeu ne le justifie pas, je n'insiste pas. Bien sûr, je dois rester à niveau, dans ma sphère professionnelle : fin août 2020, j'ai été invitée à donner un webinaire à un demi-million de directeurs financiers chinois. Le chiffre était impressionnant et il fallait que je tienne trois heures, à présenter un nouveau modèle de leadership basé sur la bienveillance et la « coach attitude » et à répondre aux nombreuses questions. Je me suis concentrée sur les quelques personnes que je voyais en haut de mon écran et leur ai parlé comme à des collègues, de façon amicale. La traduction vers le chinois était rapide et me laissait le temps de rassembler mes idées. Du coup, j'ai savouré ce moment passé avec aisance et dans la légèreté. Mieux, je m'amusais ! Je savais que j'étais à la bonne place, que mon rôle était de partager mes connaissances à des personnes intéressées et que j'avais des messages à transmettre. J'étais dans le flux[35], parfaitement concentrée ; j'étais à l'aise et mes vêtements étaient sobres mais professionnels. Le feedback fut excellent. Mon juge intérieur était totalement absent et mon coach intérieur à la barre. Merveilleux !

---

[35] Je fais référence au « flux », cette connexion à soi qui nous fait oublier l'environnement extérieur, ce moment de grâce, de fluidité mentale et d'intense concentration dont parle Mihaly Csikszentmihalyi dans son livre *Vivre, La psychologie du bonheur*, aux éditions Robert Laffont, 2004.

Clin d'œil du coach :

Adressez-vous à votre juge intérieur – vous savez, celui qui vous parle souvent dans le creux de l'oreille en vous dénigrant, en vous trouvant « nul » ou en vous décourageant d'entreprendre un projet ambitieux... Remerciez-le de vous maintenir alerte et proposez-lui de prendre de belles vacances dans un super endroit. Mon juge intérieur se trouve depuis quelques années dans un superbe hôtel cinq étoiles à Tahiti. Il était non seulement à deux doigts du burn-out mais complètement workaholic. Depuis de temps-là, il a laissé de la place à mon coach intérieur qui a enfin pu déployer son talent et son savoir-faire. Choisissez donc un bel endroit pour votre juge intérieur et sommez, gentiment s'entend, votre coach intérieur de s'activer davantage.

Dernièrement, j'ai assisté à un mariage important, mais il se trouvait qu'au-delà des membres de la famille, je ne connaissais personne. La cérémonie, à l'église, était merveilleuse : simple, profonde, authentique, et j'ai même versé ma petite larme quand nous avons entamé le « Chant de la promesse » bien connu des scouts. Un moment de communion si profond et ma madeleine de Proust me remémorant tant de jolis souvenirs de mon adolescence ! Pendant le cocktail, j'ai félicité les jeunes mariés, leurs parents et frères et sœurs, puis je me suis retrouvée entourée des membres de la chorale... qui m'ont même invitée à les rejoindre. Fun ! Après avoir fait le tour des bonnes bouilles, j'ai décidé de m'éclipser et me suis sentie à l'aise par rapport à ma décision.

Avant, il arrivait que je me « force » en me mettant par exemple près du bar, pleine d'attentes, et souvent je rentrais chez moi déprimée, vidée. Aujourd'hui, une fois satisfaite, je décide de quitter les lieux avec une impression de satiété, de contentement, sans en redemander.

M'être habituée à remplacer mes attentes par de la gratitude a changé ma vie.

Apprendre à dire NON avec simplicité

Dans le passé, que de fois j'ai dit OUI quand je voulais dire NON ! Je me laissais piéger par un membre de ma famille qui me demandait de faire quelque chose contre mon gré. Ou il s'agissait d'une tâche demandée par un client (lorsque j'étais consultant) ou par un partenaire dans un délai trop court. Je me retrouvais dans la position du Sauveur dans le Triangle Dramatique[36]. Être Sauveur signifiait que je me sentais « obligée » d'intervenir dans une situation, même si la personne ne le demandait pas. Comme le chevalier blanc sauve la princesse et reçoit un baiser d'amour comme récompense. C'est absurde ! Car dans la plupart des cas, la « victime » n'est même pas reconnaissante. La prime est négative.

J'ai des dizaines d'exemples : je me suis retrouvée dans les embouteillages au pied de la tour de bureau (nous occupions le 24e étage) d'où j'aurais pu admirer le feu d'artifice de la fête nationale car j'avais accepté de ramener des personnes d'un

---

[36] Vous trouverez l'explication sur le Triangle Dramatique de Stephen Karpman et la façon de l'éviter dans l'annexe 3.

restaurant voisin ; je me suis sentie obligée de raccompagner quelqu'un chez lui (trop loin !) à la fin d'un événement parce qu'il prétendait avoir mal aux pieds ; je laissais passer mon tour pour organiser un événement pour donner la priorité à un partenaire (qui souvent n'en profitait même pas !) ; ou je « sacrifiais » mon temps pour accomplir une tâche parce que ma partenaire se sentait « fatiguée » ; j'anticipais même le service rendu. Ce qui est consternant, c'est que cela n'était ni remarqué ni reconnu. Aujourd'hui, je vérifie d'abord que la demande est réelle et le service nécessaire et dans mes compétences. Et si je le fais avec plaisir et gratuitement, cela signifie que je ne cherche ni reconnaissance ni gratitude.

Être rémunéré à sa juste valeur

Je suis souvent choquée face aux honoraires très élevés que demandent aux entreprises certains nouveaux coachs, dont le talent est fort limité. Ce sont souvent d'anciens consultants habitués à des tarifs élevés et qui n'éprouvent aucun doute sur leur valeur et leur expérience personnelles. En revanche, j'ai vu tant de professionnels de très haut niveau se satisfaire d'honoraires fort peu élevés. Soit, ils souhaitaient donner du temps, et c'est très bien, soit ils manquaient simplement de confiance en eux côté commercial, et c'est triste car ils méritaient vraiment d'être rémunérés à leur juste valeur.

Cela m'est arrivé dans le passé, moins aujourd'hui. Pour mes accompagnements en entreprise, j'ai créé un tarif/barème qui répond à plusieurs critères, dont la taille de l'entreprise, le niveau hiérarchique du coaché et le lieu du service (moins cher quand cela se passe dans mon bureau ou par visioconférence). La méthode est claire et objective et je n'ai pas à justifier mes honoraires chaque fois que je rencontre un nouveau client. Ce système, à l'instar de Robin des Bois, fait payer les riches pour les pauvres, car en demandant un prix plus élevé à de grosses structures, je peux me permettre d'offrir mes services à des organisations caritatives ou à des personnes qui ont vraiment besoin d'aide et qui n'ont pas les moyens de se l'offrir.

Oui ! Être en paix avec sa propre valeur nous fait comprendre que l'argent est une énergie qui transite par différentes bourses et poches, et qu'il contribue au bonheur mais ne le remplace pas. Une personne très confiante ne doit ni se sous-estimer ni se surestimer : elle demande simplement la valeur intrinsèque du service qu'elle fournit.

J'ai adoré l'exemple que les formateurs en marketing digital avaient donné : si vous vendez une pomme, soit le client la mange et son investissement s'arrête là, soit il la plante puis en récoltera des fruits et pourra, à terme, avoir planté tout un verger. L'image est splendide !

Il est essentiel de se connaître et de connaître sa propre valeur intrinsèque. Jean est l'exemple parfait de ce principe.

Clin d'œil du coach :

Avoir confiance en soi = avoir la CAPACITÉ de FAIRE quelque chose. Je fais du bricolage ou du jardinage et me débrouille plutôt bien.

Avoir l'estime de soi = se donner une VALEUR. C'est tout ou rien, sans partition possible car nous nous situons au niveau de l'ÊTRE.

Jean, le persécuteur blessé

L'usine de Jean était en grève et son entreprise perdait beaucoup d'argent. Découvrant son bureau, je me suis retrouvée sur une chaise plus basse que la sienne. Je me sentais comme Charlie Chaplin face à Mussolini dans le merveilleux film *Le Dictateur*. Corpulent et très grand, Jean ventilait pas mal d'air en expliquant la structure et la culture de son entreprise ; il parlait fort et transpirait beaucoup. Comprenant qu'il lui fallait de l'espace pour qu'il puisse expulser sa colère et sa peur, j'ai écouté patiemment. Alors que j'étais calée entre la table et le mur du fond, il alla même jusqu'à s'immiscer dans mon dos pour atteindre le tableau blanc et y dessiner des organigrammes. Il avait clairement besoin de tout contrôler et de s'imposer.

Vingt minutes plus tard, je le vois s'arrêter, boire un peu de café. Il paraît éreinté. C'était le moment idéal pour me lever. Je me suis approchée de lui et j'ai doucement mis ma main sur son épaule en lui demandant : « Avez-vous vraiment besoin de me raconter tout cela pour que je puisse apprécier vos compétences ? J'ai bien vu que vous étiez un homme de valeur, foncièrement bon. Qu'est-ce qui se passe au fond de vous ? » D'un coup, il est devenu livide et m'a regardée avec les yeux d'un petit garçon. J'ai ajouté : « Vous êtes un homme bien, Jean, vous n'avez rien à prouver. »

Ce fut le début d'une merveilleuse relation basée sur la confiance et l'intimité. Jean a expliqué que sa femme avait un cancer du sein ; il n'osait plus la toucher et se sentait rejeté de sa famille. Son travail était alors devenu toute sa vie.

Il avait été dévasté par les réactions suscitées par le plan de redressement qu'il avait mis au point pour sauver son entreprise – « Ils n'ont rien compris ! » – et s'était senti, là aussi, rejeté. Il était bourru et son manque d'empathie et sa haute taille le desservaient dans cette situation où l'on attendait de lui qu'il soit visionnaire et pragmatique mais aussi à l'écoute, empathique et compatissant.

Au cours des séances, le coaching s'est orienté autour de trois piliers : récupérer son OK-ness dans sa vie professionnelle et privée, faire la différence entre sa personne (être) et ses comportements/actions (faire), et s'accepter de façon inconditionnelle.

Les Accords toltèques[37] furent très utiles, notamment le quatrième accord « Tu feras toujours de ton mieux » pour permettre à Jean de se libérer de sa culpabilité et trouver la force de faire face à la situation. Une fois qu'il a réalisé que sa femme avait besoin de lui pour vaincre son cancer (au début, il n'arrivait même pas à prononcer le nom de la maladie), il est rentré chez lui et l'a réconfortée. Cela a eu pour conséquence de souder leur couple. Il s'est senti à nouveau inclus dans sa famille car ses enfants se sont rapprochés de lui, ce qui a eu pour effet secondaire de le rendre plus détendu et empathique au travail.

Jean illustre parfaitement la souffrance qui se trouve généralement derrière un mobbing ou un harcèlement. Bien sûr qu'il faut plaindre – et surtout aider et protéger –

---

[37] *Les Quatre Accords Toltèques* de Miguel Ruiz sont expliqués en annexe 4.

la victime de telles pratiques, mais il est intéressant de se pencher sur la blessure, la frustration et/ou le déni du deuil qui peuvent les avoir déclenchées dans le chef du persécuteur. En général, le mauvais comportement cesse dès que celui-ci sera touché au cœur et se sentira encouragé à s'ouvrir et à être aidé. Ce n'est pas une tâche simple, car la plupart du temps, la personne porte une armure très épaisse et refuse de dialoguer. Pire, si l'on a affaire à un pervers narcissique, il estime que la planète entière est responsable, mais surtout pas lui…

Nous pouvons rencontrer de nombreuses défaites, mais nous ne devons pas être vaincus. – Maya Angelou, militante des droits civils

Prouver sa propre valeur peut tuer !

Il aura fallu des années pour que je puisse m'accorder de la valeur ; j'étais mon propre persécuteur. Je devais toujours me prouver que je valais quelque chose ; je cherchais tellement à être reconnue. Ceux qui ne me connaissaient pas bien pensaient que j'étais victime de mon ambition et de mon image ; peu étaient ceux qui avaient découvert ma vraie nature, ma vulnérabilité et mon manque de confiance en moi.

Des dizaines d'années ont filé avant que je puisse vraiment être moi-même et ne pas « jouer le rôle du parfait professionnel » face au regard des autres. Mon juge interne était si puissant. Il me diminuait sans cesse, me dénigrait et me laissait un goût amer dans la bouche.

Je savais d'où cela provenait : enfant puis adolescente, humiliée, peu aimée et privée de tendresse, j'avais passé ma vie à prouver que j'étais brillante pour me sentir quelque peu reconnue. Mon apparence physique ne m'y aidait pas vraiment à cause de mon poids, alors j'investissais dans tout ce qui me permettait d'afficher mon intelligence et mes compétences. Je me souviens du jour où, en 2008, j'ai annoncé à ma mère que mon premier livre avait été publié. Elle m'a regardé et m'a demandé : « Et le second, il sort quand ? ». Mais il serait injuste de tout lui mettre sur les épaules car je suis avant tout responsable de mon propre parcours de développement.

Après la déroute business de mes 26 ans (voir le chapitre Authenticité), j'ai même mis ma vie en danger : par un saut en parachute et par plusieurs reportages très risqués en zone de guerre. Ce saut en parachute fut un symbole de mon manque d'estime de moi exacerbé par ma mauvaise expérience business. À cette époque, j'étais entourée d'amis très compétitifs – des scientologues repentis mais ayant conservé les principes du lavage de cerveau voulant faire d'eux des êtres d'exception. Pas de médiocrité possible à leurs yeux : il fallait être au top, façon Tom Cruise. Ils me lançaient des défis et je tombais le plus souvent dans le piège.

Le saut en parachute est arrivé à la fin de ma première année d'assistant scientifique à l'université. Mes amis m'avaient lancé un défi : « Chiche que tu n'oseras pas sauter en parachute avec nous ! ». C'était une formule « un jour un saut » et à l'époque, on pouvait encore sauter seul(e) avec un parachute de l'armée, à atterrissage rapide. C'est interdit aujourd'hui vu le nombre d'accidents : vous devez sauter, accompagné d'un instructeur et vous bénéficiez d'une aile permettant un atterrissage en douceur. Je n'étais pas vraiment apte pour ce type d'exercice mais j'avais trouvé les bons arguments pour que mon médecin généraliste accepte de signer mon certificat d'aptitude.

C'était le 27 septembre. Notre groupe de quatre personnes était prêt ; nous avions suivi un cours d'une heure sur « comment manœuvrer son parachute et se réceptionner au sol » ; nous étions entièrement harnachés et prêts à monter dans le petit Cessna duquel nous allions nous expulser. J'appréhendais ce saut. Je savais que quelque chose allait se produire.

De fait, de notre groupe de quatre – trois hommes de 27-28 ans en bonne forme physique et moi –, nous aurons été trois à nous blesser : Alain a eu très mal au dos, Christian s'est fait une entorse et moi…

Nous sommes donc dans l'habitacle du Cessna, harnachés de nos deux parachutes, le principal, dorsal, et le ventral en cas d'urgence. Une fois notre altitude atteinte, l'instructeur me prévient que je dois sauter trente secondes plus tard. La porte de l'avion est ouverte ; j'ai un pied sur le montant menant à la roue et l'autre dans l'embrasement de la porte, une main sur le connecteur de l'aile et l'autre agrippée au sommet de l'embrasement de la porte, en croix. Le vent me fouette le visage et je vois le plancher des vaches, loin, très loin. Quand mon « Sylviane, GO !! » arrive, pas moyen de bouger un muscle, je suis pétrifiée. Mon corps refuse de m'obéir. J'entends : « Sylviane GO ! GO ! GOOOOOO ! Sylviane, GO maintenant sinon tu rates la cible ! » Je n'avais plus le choix : je DEVAIS sauter. Et je l'ai fait (j'ai encore les mains moites en écrivant ces lignes…).

En l'air, quelle expérience fantastique ! Une sensation de liberté totale, de flotter dans l'éther avec joie et ravissement… et puis la terre s'est rapprochée… Ayant sauté trop tard, j'avais raté la cible – un champ – et avais le choix entre un champ de maïs haut en cette fin septembre, une autoroute et le toit d'une ferme. De plus, j'avais sauté sans lunettes par mesure de sécurité et, étant myope, j'avais du mal à voir de très loin à la tombée du jour. C'est donc en toute dernière minute que j'ai réalisé que je fonçais droit sur une clôture de fils de fer barbelés et j'ai eu le mauvais réflexe : écarter les pieds (il faut absolument garder les pieds joints pour n'avoir qu'un seul impact renforcé lors de la réception).

Quelques secondes plus tard, j'étais couchée dans l'herbe avec une douleur atroce. J'étais coincée par mon casque et les ficelles du parachute m'enserraient la poitrine. Je suffoquais. Ma cheville me faisait un mal de chien et j'étais bloquée, pas moyen de bouger. Je me sentais complètement perdue. Pourtant, je me souviens m'être dit : « Tu l'as fait, ma fille, tu l'as fait ! ». Oui, mais à quel prix !

Mes amis ont déboulé pour me trouver, amenant le break de Christian dans le champ boueux. Les garçons m'ont mis dans le coffre et j'ai dû supporter la douleur des secousses de la voiture à travers le champ. Horrible ! L'ambulance m'a ensuite conduite à l'hôpital. Diagnostic : une commotion cérébrale et ma cheville gauche fracturée de façon assez vicieuse nécessitant une ostéosynthèse, donc une opération d'urgence. J'étais vivante mais gravement blessée.

Ce saut en parachute aurait pu me coûter la vie. Une décision guidée par un manque d'estime de moi, qui m'a clouée dans mon lit puis assise dans un fauteuil, avec plâtre et béquilles pendant trois mois et une cicatrice à vie à la cheville.

Pour la petite histoire, cette expérience a débouché sur un changement de carrière puisque six mois plus tard, j'entrais en tant que rédactrice en chef du magazine *Nord-Sud* et que j'allais me lancer dans le grand reportage et faire le tour du monde.

Il fallait encore que je me prouve ma propre valeur en relevant de nouveaux défis…

Au Machu Picchu pour la bonne cause !

À cinquante ans, je me suis lancé un autre défi, mais cette fois-ci, réalisable et totalement positif et écologique tant pour ma famille que pour moi. Vingt-deux ans avaient passé. À quarante ans, mon parcours avait bifurqué vers le coaching et je venais d'organiser l'European Coaching Conference de ma fédération de coaching avec succès. Et j'avais réussi à construire la maison de mes rêves tout en mettant au monde un enfant et en bâtissant une vie de famille. Mais le stress m'avait fait prendre tellement de poids – j'avais dépassé les 140 kg ! – que j'avais besoin d'un encouragement, d'une belle grosse carotte pour retrouver la forme.

Je me suis donc fixé un nouvel objectif : parcourir une partie du Camino del Inca (Le chemin de l'Inca) et atteindre le Machu Picchu l'année de mon cinquantième anniversaire. Le défi était triple : (1) je devais être en bonne condition physique et, par conséquent, atteindre un poids me permettant de gravir un chemin de montagne à plus de 3000 mètres d'altitude, (2) je devais pouvoir financer le voyage pour trois personnes (à l'époque, mon mari ne gagnait pas assez d'argent pour y contribuer), et (3) j'avais besoin de trois semaines de liberté pour faire un voyage aussi long, une gageure vu mes activités professionnelles me faisant encore travailler plus de 75 heures par semaine.

Et pourtant, j'ai réussi mon pari ! Des années plus tard, Pablo, mon ami péruvien, s'amuse toujours à raconter l'histoire. Ce jour-là, il m'avait perdue de vue. Et aux touristes rencontrés sur le Camino, il demandait : « Avez-vous rencontré une dame habillée de rouge ? » « Oui, elle est beaucoup plus loin ! ». J'étais un véritable mouflon, sautant d'un rocher à l'autre. Feu Marcelle, ma deuxième maman de la Croix-Rouge (voir le chapitre Respect) m'accompagnait en pensées. J'étais si forte, si puissante ! Aucune peur de l'altitude. Pas le moindre manque de souffle. C'était incroyable. J'avais atteint mon triple objectif et j'étais si fière de ce que j'avais accompli.

Une vision claire, soutenue par des plans
précis, vous donne un énorme sentiment de
confiance et de puissance personnelle.
– Brian Tracy

La même année, j'ai été élue membre du board mondial de l'ICF, accueillant à l'époque quelque 35 000 coachs dans 140 pays… J'avais des ailes pour voler plus haut et j'éprouvais la motivation et le plaisir, véritable et authentique, de servir. J'appliquais le principe de l'estime de soi repris dans la strophe de Kim McMillen : me trouver au bon endroit au bon moment. Mon seul but était de contribuer, avec mes merveilleux collègues, au développement du coaching dans le monde, et c'est devenu une expérience tellement enrichissante ! Une fois de plus, j'avais pu compter sur mes propres ressources, mais aussi sur mon mentor de l'époque, Pamela Richarde, alors présidente mondiale de l'ICF : c'est elle qui m'avait encouragée à soumettre ma candidature et à oser monter dans le board mondial !

Mon histoire illustre un autre principe de vie : chaque étape de vie nous aide à développer notre confiance en nos capacités et de ce fait, notre estime de nous. Si quelques-unes sont éprouvantes, c'est qu'il fallait que le message puisse être intégré dans notre façon de vivre. À nous, dès lors, de bien écouter les messages…

Clin d'œil du coach :

Tout est question d'état d'esprit – le fameux « Mindset ». Il est composé de trois éléments :

le Focus (concentration) vers un objectif précis ;

la Posture (la bonne attitude physique, voir le concept HOPLA) ;

le Langage (prononcer des mots positifs qui encouragent) ;

Il faut quelques secondes pour changer de Mindset : c'est en votre pouvoir.

Alors : GO !

Entrer dans la spirale positive

Dans le cadre du coaching[38] (mais aussi du mentorat), le client est encouragé à entrer dans un cercle vertueux qui va le mener vers une plus grande confiance en lui.

D'une façon bienveillante mais ferme, le coach va l'inviter à entrer dans la spirale positive pour lui faire découvrir la satisfaction d'une première étape franchie. La confiance se renforce par des résultats probants. Ainsi, une première action positive va générer une première satisfaction, qui se traduira par un renforcement de l'estime de soi. Puis une deuxième, une troisième action et ainsi de suite. Le client se sent en harmonie avec lui-même et avec son entourage, celui-ci remarque d'ailleurs sa meilleure énergie et l'encourage. Le sentiment de réussite s'accroît, ce qui encourage le client à poursuivre ses avancées et ainsi de suite.

Déclencher ce processus de renforcement positif est exactement le job du bon coach ou du mentor. Il incitera le client/le mentoré à faire un premier pas vers le succès, aussi petit soit-il.

Chaque séance de coaching se termine normalement par une décision et la planification de la mise en œuvre de cette décision. Celle-ci sera systématiquement analysée lors de la session suivante. Soit elle aura été réalisée, et le client gagnera en estime de soi tout en recevant les félicitations de son coach. Soit, elle ne l'est pas et le coach dispose alors de

[38] Le processus de coaching et ses bénéfices sont décrits dans l'annexe 1.

quelques éléments intéressants à visiter, à savoir les stratégies que le client a utilisées pour empêcher sa réussite.

L'homme qui a confiance en lui gagne la confiance des autres. – Proverbe hassidique

Réflexions sur l'autocoaching : Estime de soi

Maintenant que vous avez lu ces histoires, je vous invite à réfléchir sur la façon dont VOUS VOUS ESTIMEZ :

- Dans quelles circonstances ou dans quels cadres est-ce que je me sens en confiance ?
- Dans quelles circonstances ou dans quels contextes est-ce que je ne me sens pas en confiance ?
- Dans quelle mesure est-ce que j'accepte mes vulnérabilités ?
- Dans quelle mesure est-ce que je me sens pleinement à l'aise « chez moi », ainsi dans mon corps, mon esprit et mon âme ?
- Quelle nouvelle habitude vais-je choisir pour augmenter mon estime de moi ?

Simplicité

**Le jour où je me suis aimé pour de vrai[39], j'ai arrêté de me voler mon propre temps et de faire des mégaprojets pour l'avenir.
Aujourd'hui, je ne fais que ce qui m'apporte joie et bonheur, les choses que j'aime, quand ça me plaît et à mon rythme.
Aujourd'hui, je sais que ça s'appelle Simplicité.**

J'ai beaucoup de respect et d'admiration pour tous ceux qui accomplissent le chemin de Saint-Jacques-de-Compostelle, « el Camino ». Certains collègues, amis et clients l'ont parcouru, toujours avec beaucoup de détermination et de dynamisme. En fait, le Camino est la parfaite métaphore du voyage que nous faisons pour connaître vraiment notre mission de vie. Nous avons besoin de temps pour aller de l'avant, d'énergie pour rester sur la bonne voie et de sens, de finalité et de foi pour y arriver. Sur le chemin, les pèlerins savent qu'ils trouvent toujours un abri pour la nuit. En haute saison, mieux vaut réserver son gîte car cela permet de conserver un certain rythme et une certaine discipline.

---

[39] As I began to love myself, I quit stealing my own time,
and I stopped designing huge projects for the future.
Today, I only do what brings me joy and happiness, things I love to do and that make my heart cheer, and I do them in my own way and in my own rhythm. Today I call it "SIMPLICITY."

Et puis, c'est le corps qui décide si le pèlerin est prêt à aller plus loin.

Dans la vie, on se trouve toujours un abri, une base stable : d'abord soi-même, puis sa famille et ses amis, son travail, ses hobbies, la foi ou une philosophie de vie. Sans oublier que nous sommes les premiers à générer l'environnement qui nous convient – le changement commence par soi, disait Gandhi.

La fierté dans la poche

À vingt-six ans, la tempête financière qui s'est abattue sur moi m'a fait mettre en œuvre une de mes expressions préférées : « Mettre sa fierté dans sa poche ». Bien que ma mère m'ait aidée financièrement pour éviter la faillite – je lui suis toujours d'une infinie reconnaissance – je n'avais même pas assez d'argent pour acheter ma nourriture. Je n'ai reçu aucune autre aide et n'avais pas droit à des allocations de chômage puisque je travaillais en tant qu'indépendante. Il a donc fallu que je trouve un emploi rapidement pour pouvoir survivre. Corinne, une de mes potes des Guides, qui travaillait dans une agence d'intérim, m'a confié quelques missions de secrétariat. Pas de place pour mon ego : j'avais juste besoin de payer mon loyer et de manger. Rien d'autre.

Deux années plus tôt, je travaillais dans une multinationale américaine et étais devenue une véritable yuppie : conduisant ma Porsche (d'occasion), portant foulard Hermès et montre Cartier, passant des vacances à l'autre bout du monde et vivant dans un grand appartement très accueillant pour mes amis et avec un frigo plein à foison en permanence. Même si j'aime toujours les belles choses, à l'époque, j'étais un véritable panneau publicitaire, entourée de marques. En fait, j'étais piégée par ma propre image. N'importe quoi ! Quand ma tempête financière est apparue, mes « amis opportunistes » avaient disparu et j'avais tellement honte de la situation que je n'osais même pas contacter mes vrais amis. Je faisais semblant : « Je vais bien, ne t'inquiète pas ! » Pendant ces années de yuppie, je manquais de simplicité parce que je me faisais concurrence à moi-même. J'étais prisonnière de l'image que mes pairs universitaires avaient faite de mon statut professionnel : si loin si vite, deux emplois fantastiques en Asie et en Afrique, et le « travail de leurs rêves » dans cette multinationale américaine bien connue. Les mauvaises affaires à vingt-six ans m'ont fait comprendre qui étaient mes vrais amis – ceux qui sont encore avec moi aujourd'hui – par rapport à ceux qui étaient intéressés par les avantages liés à l'aisance financière.

Aujourd'hui, je possède toujours la montre Cartier achetée à l'époque et plusieurs foulards Hermès, car le temps n'altère pas la qualité des belles choses. Depuis 2019, je roule à nouveau dans une voiture de sport, mais la différence avec le passé est que je l'apprécie pour le plaisir de conduire et non pour l'image ou pour la nécessité de me rassurer sur ma « valeur ». Aujourd'hui, ma motivation réside dans le plaisir et dans la qualité de ma vie. Je dois avouer que porter un foulard de soie est si doux et confortable que l'investissement en vaut la peine. La différence, aussi, est que je les apprécie « parce que je les mérite ». Le plaisir est authentique.

Recréer mes racines, s'installer

J'ai construit ma maison quand j'avais trente-huit ans. Il m'a fallu huit ans pour la terminer, en procédant par étapes et en respectant strictement mon budget. Je voulais pouvoir me le permettre. Le seul luxe était que j'ai immédiatement construit un « vrai » premier étage pour atteindre une surface habitable plus élevée et m'offrir de belles grandes fenêtres. Les deux premières années furent très difficiles, car mon budget a explosé pour cause de « frais imprévus », bien connus des candidats constructeurs (prévoir environ 15 % à 20 %). Plus d'argent pour poser le parquet. Pas grave : j'avais étalé de grands plastiques pour y poser quelques tapis, la cuisine n'était composée que d'un évier, d'une plaque électrique et d'un four, d'un frigo et seulement de deux placards. Pas de luxe, pas de décoration intérieure, et la maison était à moitié terminée quand je m'y suis installée avec mes deux chats. Aujourd'hui, je la rénove régulièrement et je dispose d'un merveilleux potager qui me fournit de beaux légumes – quand les limaces ne sont pas trop voraces...

Mon expérience de la construction m'a permis de tirer trois grandes leçons :

Je préfère posséder une maison plus petite et l'avoir financée moi-même. Quand j'ai divorcé, j'ai pu prouver que ma maison m'appartenait et j'ai pu la garder. Heureusement que notre législation s'appuie toujours sur ce bon code Napoléon qui précise qu'une épouse peut conserver les biens acquis avant le mariage ;

J'ai la capacité de dégager de l'argent quand j'ai un objectif substantiel et motivant et la maison, assurément, était un objectif magnifique ;

Je préfère opter pour la meilleure qualité de fournitures (quand elle est abordable) car elle dure plus longtemps. Le lave-vaisselle et le four sont toujours d'origine !

Rien n'arrête l'homme qui désire réussir. Chaque obstacle lui permet de développer sa musculature de réussite et de renforcer son pouvoir d'accomplissement.
Eric Butterworth[40]

Réputation et image contre simplicité

Cette maison, au n° 13, m'a permis de reconstruire mes racines car elle jouxtait une maison construite par mon père à la fin des années cinquante, le n° 11. En y emménageant en 1994, j'ai eu le réel sentiment de rentrer chez moi, back home, alors que j'avais pourtant trouvé ce terrain à la suite d'un heureux hasard – un ami qui m'avait indiqué une parcelle restant partiellement constructible sur le lotissement créé par mon grand-père dans les années 30 et pour laquelle j'ai dû batailler.

[40] Eric Butterworth (1916-2003), canadien, fut pasteur, auteur et personnalité bien connue de la radio. Son travail se fondait sur l'unité et l'harmonie.

En 2012, la maison construite par mon père au n° 11 a été vendue à des gens qui ont décidé de la démolir et de construire une maison répondant mieux à leurs besoins et suivant les technologies d'aujourd'hui. Lorsque la grue a commencé à démanteler la « maison de mon père » pièce par pièce, j'ai eu l'impression que c'était ma vie que l'on démantelait : un morceau de bois par-ci, une brique par-là. Je n'ai pu sauver que deux azalées en souvenir de mon ancien voisin O[41]., décédé au début des années 2000, et je les garde précieusement dans mon jardin. Et surtout, j'ai dû faire le deuil de la « maison de mon père » et accepter la nouvelle, heureusement occupée par une famille très sympathique.

L'histoire de mon ancien voisin O. illustre bien la quête de simplicité reprise dans le poème de Kim McMillen. Ce voisin n'avait jamais été en paix depuis qu'il avait perdu son emploi de vice-président d'une grande multinationale. Chaque fois qu'il se présentait à un chasseur de têtes, la réponse était identique : « Monsieur, vous êtes trop compétent. Nous n'avons pas de travail de ce genre pour vous ». J'ai vu O. perdre progressivement son moral et sa confiance en l'avenir. Il était pourtant si doué ! Il aurait pu créer sa propre petite entreprise, avoir une vie plus simple, mais sa décision était de redevenir un cadre supérieur dans une entreprise de premier plan. Il était piégé par son statut, son image, et par la loyauté envers ses parents qui souhaitaient qu'il restât « cadre de haut niveau ». Chaque semaine, je pouvais entendre les

[41] Je préfère taire son nom par respect pour sa mémoire.

bouteilles de whisky s'entrechoquant dans les sacs poubelle traînés vers la rue... La cigarette et l'alcool le minaient. Quatre années plus tard, un samedi soir, une ambulance est repartie de chez lui sans feu bleu ni sirène : une attaque fulgurante l'avait emporté en quelques minutes...

Adopter des objectifs réalistes

Cinq jours auparavant, une autre personne chère à mon cœur avait perdu la vie, emportée par un cancer de l'estomac, cette fois. Karine était à la tête d'une petite société de relations publiques et cherchait toujours à améliorer son image – être un modèle pour ses clients. C'était son travail. Les meilleurs hôtels, les meilleurs restaurants, les meilleurs vêtements, tout en s'efforçant de maintenir le chiffre d'affaires et la réputation de son entreprise à un niveau élevé. Quel stress ! Quelle fatigue ! Toujours à organiser l'événement parfait avec des gens parfaits. Cette quête de perfection permanente et une lutte sans fin pour sa réputation l'ont menée vers un cancer de l'estomac qui l'a emportée en quelques mois...

L'expérience néfaste de ces deux personnes m'a donné une leçon de vie importante : garder l'équilibre entre ses objectifs, ses exigences en termes d'image, de niveau de vie et d'énergie dépensée, d'une part, et ses capacités et les moyens à déployer pour les atteindre, d'autre part. Il n'est pas possible de viser haut si l'on ne dispose ni des moyens ni des capacités d'agir en conséquence.

Les consultants, les avocats, les politiciens (les vrais), les professeurs, les cadres supérieurs, les cuisiniers réputés, les artistes de grande renommée, les thérapeutes, les coachs, les mentors, les médecins et d'autres professionnels sont régis – devrais-je dire « piégés » – par leur réputation. C'est la malédiction de tout professionnel engagé sur une base « intuitu personae » (quand le service ne peut être accompli que par une personne désignée). C'est bien connu : il faut des années pour bâtir une réputation et quelques minutes seulement pour la détruire. C'est tellement vrai mais si injuste.

La vraie question est : jusqu'où peut-on laisser la simplicité diriger sa vie lorsque les clients ou les patients projettent une image de réussite sur son coach, son avocat ou son médecin ?

Je plaisante généralement avec les participants aux formations de coachs lorsqu'ils me posent la question sur l'image et la réputation. Ma réponse est simple : assumons le fait que nous devenons des modèles pour nos clients. Feriez-vous confiance à un dentiste qui affiche des chicots en plein sourire ? Je me souviens des quolibets d'un étudiant qui m'avait vu garer ma petite VW Polo d'occasion (celle qui avait succédé à ma Porsche lors de ma déroute financière…), à 30 ans : « Beau signe de réussite pour un prof qui enseigne la stratégie d'entreprise ! » J'aurais voulu rentrer sous terre… Avec le temps, je me rends compte que pour beaucoup, l'habit fait le moine. Alors que ces jeunes étaient déjà piégés par les signes extérieurs de statut qu'imposaient leurs études en économie, je sais aujourd'hui qu'il faut accepter les conditions entourant la pratique de sa profession mais – et c'est là toute la différence – sans se départir de sa simplicité ni se perdre dans les attentes des autres. Si je m'habille relax quand je télétravaille, je fais attention à mon apparence quand je suis en entreprise ou donne une formation ou une conférence. Il s'agit non seulement de revêtir l'uniforme ad hoc mais également de respecter les personnes en face de soi.

Aujourd'hui, cela reste un défi pour tous ceux qui embrassent des professions basées sur la réputation : être visible sur le marché, être scruté ou analysé, être un peu considéré comme un modèle mais aussi parfois pâtir d'on-dit, de ragots voire de propos mal interprétés sans avoir de droit de réponse.

Le vrai professionnel ne devrait pas accorder trop d'attention à tout ce ramdam et faire de son mieux pour conserver son intégrité et son authenticité. Donc être lui-même, tout simplement. C'est aussi ma voie : rester à ma juste place, continuer à apprendre et ne pas prétendre que c'est facile tous les jours. Être coach, mentor ou formateur implique des responsabilités envers les clients, les mentorés et les participants qui me font confiance et qui associent leur nom au mien. Idem pour mes associés dans les projets lancés en commun. C'est un honneur, une joie et surtout une responsabilité que je ne prendrai jamais à la légère.

Loin des activités triviales

Ancienne top manager d'une grosse entreprise pharmaceutique, Nelly (prénom d'emprunt), avait créé sa propre structure. Or, comme c'est le cas dans toute jeune entreprise, le patron se doit d'être sur tous les fronts, y compris au marketing et à la vente, voire aux tâches administratives plus triviales. Une réalité qui faisait renâcler

Nelly, trop habituée à se concentrer sur le développement des produits et les stratégies de haut vol. Le hic est qu'elle n'arrivait pas à déléguer les tâches et encore moins à conserver une assistante car elle n'était jamais satisfaite du degré de qualité du travail accompli. Résultat : le taux de rotation de ses assistantes était très élevé et elle s'étiolait à réaliser des tâches qui n'entraient pas dans son cœur de métier.

En coaching, elle souhaita réaliser son analyse SWOT[42]. La méthode est utile mais, personnellement, je n'aime pas trop l'utilisation du mot « faiblesse ». Je préfère le remplacer par « points de vigilance » ou « de développement » et par des termes encore plus porteurs : « choses que je n'aime pas faire », ou « qui me prennent trop d'énergie » ou « pour lesquelles mon taux horaire est trop élevé ». Cette reformulation fut très révélatrice pour Nelly. Elle qui souhaitait se défaire des tâches triviales, a pu leur donner une connotation business.

Restait encore une barrière : « Comment trouver quelqu'un capable d'effectuer ces tâches en répondant à mon degré d'exigence ? ». Je lui ai donc demandé de définir ses critères en utilisant l'analogie du sport : « Si le record du monde de saut en hauteur féminin est à 2,09 m, à quelle hauteur mettez-vous la barre, à 5 m ? » Je l'ai également

---

42 L'analyse SWOT, bien connue des consultants, est une méthodologie qui permet à la personne de répondre à quatre questions : (1) Quelles sont ses forces ? (S pour Strengths = forces), (2) Quelles sont ses faiblesses et points de vigilance (W pour Weaknesses = faiblesses), (3) Quelles sont les opportunités du marché (O pour Opportunities = opportunités) et (4) Quelles sont les possibles menaces du marché (T pour Threats = menaces).

interrogée sur sa croyance que « impossible d'être aimée si je ne suis pas parfaite » et je lui ai demandé d'où cela venait. Elle m'a expliqué que son père n'était jamais satisfait de ses résultats scolaires et que cela l'incitait à être première de classe. J'ai recadré : « Est-ce qu'un recordman du 100 mètres est capable de courir un marathon ? », « Bien sûr que non. » « Quant à vous, avez-vous obtenu 100 % des notes 100 % du temps pendant 100 % de votre parcours d'apprentissage, de l'école primaire à l'université ? », « Bien sûr que non. »

« Alors, pour vous, quel pourrait être un taux de réussite acceptable ? » « 75 % à 80 %. » « Cela équivaut donc à une erreur par 4 ou 5 actions ! » Long silence. « Cela signifie que vous permettrez à votre "responsable du back-office" d'avoir droit à l'erreur ? » La prise de conscience – le fameux « breakthrough » (percée) était là. Restait pour Nelly à se mettre à l'action, ce qu'elle fit rapidement en plaçant une offre d'emploi sur le marché tout en acceptant que sa nouvelle assistante puisse disposer de suffisamment de temps pour apprendre et s'adapter à l'entreprise.

C'est avec joie qu'elle m'annonça qu'elle avait trouvé la personne adéquate et qu'elle l'avait engagée, d'abord sous format CDD, mais avec la perspective de lui offrir un CDI. Bravo !

L'objectif suivant de son coaching était de l'amener à se concentrer sur les tâches plus stratégiques qu'elle apprécie vraiment. Mais comment y parvenir tout en étant sûre de développer la clientèle ? Comment prendre soin d'elle-même, garantir sa durabilité en évitant le burn-out et en déléguant les activités plus « triviales et banales », tout en étant sûre que les clients répondent à l'appel ? Elle était perplexe quant à la possibilité de juxtaposer macro et micromanagement.

Il fallait pour cela qu'elle puisse renoncer à sa croyance, à savoir qu'il est impossible de faire du stratégique quand on est englué dans du micromanagement. Pour cela, j'ai simplement recadré : « N'aviez-vous pas été capable de changer les couches de vos bébés tout en étant dans l'équipe de direction de votre grosse entreprise ? N'aviez-vous pas des biberons à préparer ? Étiez-vous sans cesse secondée par une baby-sitter ? Qu'aviez-vous mis en place, à l'époque, pour concilier ces activités "banales" avec votre travail de haut niveau ? Comment avez-vous fait face à la pression constante et à votre volonté de passer du temps de qualité avec votre mari et vos enfants ? » Ces questions de recadrage lui ont fait comprendre que les deux types d'activités pouvaient être exercés simultanément une fois la destination précisée et les critères clarifiés. Le coaching était terminé : elle avait trouvé les clés et savait parfaitement comment gérer la situation.

Il n'est pas nécessaire d'être génial pour commencer, mais il faut commencer à être génial[43]*. – Zig Ziglar*

---

[43] You don't have to be great to start, but you have to start to be great. - Hilary Hinton, alias "Zig" Ziglar (1926 - 2012) est un écrivain et conférencier américain, auteur d'une trentaine de livres sur le développement personnel.

Clin d'œil du coach :

Il est bon de vous livrer à votre propre analyse SWOT ou à une enquête 360° auprès de votre entourage.

Il s'agit de poser quelques questions clés aux personnes qui sont en interaction avec vous : collègues, clients, partenaires professionnels et de vie, amis, famille.

Choisissez cinq à sept personnes en osant également vous adresser à celles qui ne sont pas toujours en accord avec vous.

Posez-leur trois questions dont les réponses vont vous éclairer :

(1) Quels sont les cinq mots-clés qui me caractérisent ?

(2) Quels sont les trois défis qui m'attendent dans les prochains mois ?

(3) Quel est votre conseil pour que je puisse m'y préparer au mieux ?

Vous pouvez utiliser une application comme MonkeySurvey pour poser vos questions – c'est très facile et rapide (et gratuit !).

Cuisiner, retrouver le goût des choses simples…

Faites-vous partie des centaines de milliers de gens qui ont réappris à vivre plus simplement en famille lors du premier confinement du printemps 2020 ?

J'ai toujours dû cuisiner pour mon enfant et à l'époque pour mon mari, mais avec la pandémie, je me suis mise à cuisiner deux fois par jour puisque l'enseignement universitaire de mon fils se faisait en distanciel. Alors que je n'avais droit à aucune allocation étant indépendante, j'ai décidé de positiver la période et à croire en ma bonne étoile tout en partageant mes « trucs de coach » avec le plus grand nombre. En avril 2020, j'ai diffusé une série de clips de deux à cinq minutes intitulés « Mes piliers de sagesse et de lumière » sur YouTube pour partager quelques recettes de pensée positive. Je me suis arrêtée sur quelques thèmes comme : « Aller à l'essentiel », « Donner sans attendre de retour », « Jouer », « Le Regard[44] », ainsi que sur toute une série de choses simples de la vie. Ces clips sont toujours en ligne et visibles : leur objectif est de donner du baume au cœur, de diffuser de la bonne humeur et un regard plus simple sur notre environnement.

Au fait, aujourd'hui, j'ai fait une tarte aux prunes ! Cela semble peut-être une activité banale pour beaucoup de gens, mais pas pour moi. C'est un symbole du Tao de la vie : effectuer à la fois des activités yang (production, recherche de visibilité, extraversion) et des activités yin (plus douces, plus silencieuses, introverties et reposantes). Les prunes ont été cueillies sur un arbre planté il y a vingt ans et la recette trouvée sur internet, réalisé par un excellent pâtissier, juste pour le plaisir. Délicieux !

---

[44] Mes piliers de sagesse et de lumière sur YouTube – Lien vers le clip 'Aller à l'Essentiel' : https://youtu.be/AxH5lOU3O4Y - Vers le clip 'Donner sans attendre de retour' : https://youtu.be/45d4jlduZnY - Vers le clip 'Jouer' : https://youtu.be/3cFPL7Q53Zs - Vers le clip 'Le regard' : https://youtu.be/AxH5lOU3O4Y - Il y a 14 clips en tout.

Ce faisant, depuis que j'ai quitté mon école de coaching, je redécouvre plus de simplicité dans ma vie. Après avoir voyagé dans tant de pays, principalement pour le travail et aussi pour les loisirs, j'en ai conclu que ma meilleure place dans la vie était dans la douceur et la guérison de ma maison. Plus encore, j'ai compris que le meilleur abri est à l'intérieur de mon corps, lorsque je médite avec la présence de mes anges. C'est nouveau pour moi ; c'est un défi, car l'ego s'efforce toujours d'aller plus haut, plus vite, plus sophistiqué, plus en contrôle.

Je réapprends cette simplicité que j'avais perdue il y a quelque temps, dans le flou du « busy-ness ». Bien que mon rythme de travail soit toujours aussi soutenu – création de nouveaux programmes, développements internationaux et écriture de livres – je me suis reconnectée à des éléments plus « basiques » : semer, planter, tailler des roses et autres arbres de clôture, lire un bon livre, méditer, récolter fruits et légumes, prendre du temps de qualité pour cuisiner, sélectionner un bon film et mieux dormir. Clin d'œil de l'univers, il m'a envoyé un compagnon qui est sur la même longueur d'ondes : un bon vivant qui sait apprécier les choses simples... et les autres. Cela signifie aussi « dire non » à des personnes trop exigeantes, être plus sélective dans mes projets, bien séparer business et relations plus étroites, et me concentrer là où je trouve le flux.[45]

---

[45] Mihaly Csikszentmihalyi, op. cit.

Cherchez la sagesse des âges, mais regardez le monde à travers les yeux d'un enfant. – Ron Wild[46]

Réflexions sur l'autocoaching : Simplicité

Maintenant que vous avez découvert mes histoires, je vous invite à réfléchir à la SIMPLICITÉ :

- Qu'est-ce que je voudrais simplifier dans ma vie ?
- Quels sont les avantages d'une plus grande simplicité dans ma vie ?
- Quelle nouvelle habitude de responsabilisation vais-je prendre aujourd'hui ?
- Quelle est la perte d'énergie que je ne tolérerai plus ?
- Qu'est-ce que je pourrais dégager qui ouvrirait un plus grand flux d'énergie dans ma vie ?

[46] Ron Wild est un spécialiste des effets spéciaux. Il travaille notamment pour Walt Disney et a participé à des films comme Alice au Pays des Merveilles et Home Alone.

L'amour de soi

Le jour où je me suis aimé pour de vrai[47], j'ai commencé à me libérer de tout ce qui ne m'était pas salutaire, personnes, situations, tout ce qui baissait mon énergie.
Au début, ma raison appelait ça de l'égoïsme.
Aujourd'hui, je sais que ça s'appelle Amour de Soi[48].

L'amour conditionnel seulement...

Il m'a fallu beaucoup, vraiment beaucoup de temps pour accepter mon corps. En surpoids depuis l'âge de dix ans, ce fut une lutte continuelle. Aujourd'hui, j'ai accepté le fait que je ne serai jamais réellement mince, que ma taille se situe autour du 46 et que mes cuisses ne répondront jamais aux standards des canons de la beauté. Pas grave ! L'important est que, mis à part les petits soucis dus à l'âge, je jouisse d'une bonne santé : n'est-ce pas, finalement, ce qui compte le plus ?

J'ai commencé à prendre du poids un an après le décès de mon père, quand je vivais dans la famille recomposée (voir le chapitre Respect). Pas d'amour, pas de joie, pas de tendresse.

---

47 As I began to love myself, I freed myself of anything that is no good for my health—food, people, things, situations, and everything that drew me down and away from myself. At first, I called this attitude a healthy egoism. Today I know it is "LOVE OF ONESELF."
48 Certains utilisent le mot « amour propre » pour traduire « Love of oneself » en français, comme si on pouvait l'opposer à « amour sale ». J'ai préféré opter pour « amour de soi ».

Ma vie quotidienne était composée d'une sœur par alliance qui me détestait, d'une école où je ne me sentais jamais à l'aise, d'une obligation d'apprendre le piano, d'une stricte obéissance à ce beau-père froid et sans empathie, de l'absence d'encouragements ou de récompenses et, bien sûr, d'un manque de nourriture consistante lors des repas puisque ma mère m'empêchait publiquement de manger tout « ce qui faisait grossir » – une hérésie face à une enfant en pleine croissance alors que l'on sait aujourd'hui qu'il est fondamental de manger correctement aux repas pour éviter les grignotages intempestifs. Résultat des courses : je m'étais créé ma propre enveloppe de tendresse, ma propre carapace de protection et mes propres mécanismes de défense…

D'autant que ma mère se sentait de moins en moins confortable face à la réalité de sa nouvelle vie. Je me souviens que par peur de la jalousie de mes frères et sœur par alliance, elle devait cacher nos achats personnels dans le « sac égyptien », un sac en peau de dromadaire qu'elle avait ramené de sa croisière sur le Nil. Elle se sentait engoncée dans une vie de surface, pleine de sourires à l'église alors que sa demeure manquait cruellement d'amour et de joie. Quelle atmosphère triste pour des enfants de notre âge ! Petite fille, j'étais prisonnière de ce cercle vicieux où l'amour inconditionnel était absent. Mon frère rencontrait des difficultés à l'école, c'était sa façon d'attirer l'attention et je me construisais ma propre grosse forteresse, c'était ma protection contre les ennemis, mon illusion. J'étais trop petite pour le voir, bien sûr.

Maggy, rencontrée à treize ans chez les Guides, avait été la toute première personne à m'aimer de façon inconditionnelle. Je lui en suis tellement reconnaissante !

Phrases-poisons et absence de réponse à mes SOS...

À quatorze ans, en sortant du vestiaire de notre club de tennis très snob, ma mère m'a dit, en me regardant droit dans les yeux : « Va m'attendre sur le parking à l'arrière du club, je ne veux pas que mes amies voient que ma fille est obèse ». Cette phrase-poison m'a accompagnée pendant plus de quarante ans. Et même si j'ai suivi une thérapie, un coaching, un mentorat, etc., je m'en souviens encore à ceci près qu'aujourd'hui, elle n'a plus d'impact sur moi car elle a été recadrée – ouf ! J'ai pardonné à ma mère : en fait, c'était elle qui n'arrivait pas à s'aimer de façon inconditionnelle et le fait d'avoir une fille qui ne répondait pas aux normes physiques de la société bien-pensante lui était insupportable, ingérable.

Pour moi, la nourriture sucrée était ma façon de trouver un peu d'« amour » et de « tendresse ». C'était fallacieux, bien sûr, mais personne ne voulait entendre mes SOS, ma détresse. À la fin des années soixante, personne n'allait voir un thérapeute à moins d'être complètement fou, le coaching n'existait pas, et je n'avais ni grands-parents ni membres de ma famille proche pour écouter mes histoires avec bienveillance et compassion – en ayant une attitude coach, comme on le dirait aujourd'hui. Au contraire, ma mère n'arrêtait pas de me crier que j'étais grosse et que je ne trouverais jamais un homme qui m'aimerait avec toute cette graisse sur moi. Encore une phrase-poison !

Ironiquement, elle a eu complètement tort : j'ai attiré des hommes qui apprécieraient mes rondeurs. Pour mon ex-mari indien, elles symbolisaient la richesse. Je suppose que c'est la raison pour laquelle il a décidé de me suivre à Bruxelles, en se fiant à l'illusion que je pourrais assurer ses finances pour le reste de sa vie. D'ailleurs, je n'ai aucune amertume contre lui ; juste une immense gratitude, car il m'a fait devenir mère, ce qui est le plus merveilleux des cadeaux.

La toute première fois que j'ai commencé à mieux prendre soin de moi, c'est lorsque j'ai rencontré mon petit ami italien à dix-sept ans – celui qui m'a conduite à la Croix-Rouge. À 19 ans, à la fin de mes premières études d'assistante de direction, j'avais perdu 18 kg et j'avais atteint une taille plutôt « normale ». Mais le yo-yo est reparti à la hausse à 24 ans, dû au stress de mon job auprès de cette multinationale américaine et surtout au manque de nouvelles de mon bel amour de l'époque, le prince charmant que j'ai rencontré quand j'étais à l'université, souvenez-vous. Je pesais plus de 100 kg : un cauchemar ! À cette époque, on ne trouvait pas de vêtements à taille large pour les jeunes. Heureusement que j'avais l'occasion d'aller aux États-Unis et d'en ramener une valise entière !

M'immerger et m'oublier dans le travail

Cette situation bizarre a duré près de vingt ans. Je travaillais comme une folle, mangeais ce que je pouvais attraper au plus vite et, bien souvent, faisais des excès alimentaires. Sans cesse en mouvement, j'étais en compétition avec moi-même ; je m'aimais sous condition. On me voyait comme quelqu'un de très performant. Et pourtant, quelle solitude ! À trente-cinq ans, j'ai contacté mon ex-prince charmant. Même si j'avais des petits amis, je n'arrivais pas à m'installer. J'ai été demandée quatorze fois en mariage, dont huit fois par le même homme, mais je m'imaginais toujours dans les bras magiques et imaginaires de mon ex-prince charmant (et je n'arrivais surtout pas à me projeter dans une vie à long terme avec le prétendant !). C'est donc à lui que j'ai pensé, fort logiquement, quand j'ai voulu devenir mère. Il était temps – les femmes connaissent leur temps biologique... Il a refusé. J'étais tellement déçue, même si je comprenais parfaitement ses raisons. Il était sur le point d'adopter une petite fille et ne pouvait pas s'engager par ailleurs.

À trente-huit ans, je n'étais toujours pas mariée lorsque mon magazine m'envoya en Inde pour y faire un reportage sur la Fondation Damien et son combat contre la lèpre à Madras (renommée Chennai). Un premier voyage en Inde avait eu lieu deux ans auparavant et j'avais passé une semaine entière dans les bidonvilles de Bombay (nommée aujourd'hui Mumbai), à suivre les médecins et les infirmières de la Fondation Damien. Quelle belle leçon d'humilité ! Et quelle admiration je garde devant la résistance et la foi en la vie de ces personnes qui n'ont rien – une boîte en fer blanc devient un cache-pot, la moindre graine est faite germer, etc.

À Chennai, j'allais vivre une expérience similaire. Accompagnée d'une autre journaliste, nous avions décidé de découvrir une facette plus réjouissante de l'Inde, ainsi, dès la fin de notre reportage dans le Sud, nous avons passé quelques jours à arpenter le très coloré Rajasthan et ses palais de Maharajas. Patatras ! le deuxième jour, dans la magnifique ville de Jaisalmer, aux abords du désert du Thar à la frontière pakistanaise, je tombe en pâmoison devant notre magnifique guide. Cupidon est à l'œuvre ! Ce fut fulgurant. Deux jours plus tard, nous décidions de nous marier, d'avoir un enfant ensemble et qu'il viendrait vivre en Europe. Splendide ! Quel don du ciel ! Une passion magnifique qui a duré deux ans… et beaucoup de stress car son permis de séjour n'avait été accordé qu'au prix d'un passage devant le tribunal de première instance.

Notre fils est né deux ans plus tard. À l'époque, j'avais encore trois jobs : enseigner la stratégie d'entreprise à l'université, gérer un portefeuille de journaux internes pour plusieurs entreprises et assurer ma chronique hebdomadaire dans mon magazine en plus de quelques piges (articles) réalisés pour d'autres magazines et journaux. Cette importante quantité de travail représentait quatre-vingts heures par semaine et surtout un stress énorme. Je travaillais avec mon nouveau-né niché dans une poche ventrale. Et je continuais à grossir. Cela a encore empiré quand j'ai découvert que mon mari, qui voyageait encore « pour le travail », a eu une liaison avec une touriste d'un de ses groupes. Je lui ai pardonné, mais j'ai précisé que c'était la première et la dernière fois qu'il me trompait, que s'il y avait prochaine fois, ce serait le divorce immédiat.

C'est à la naissance de mon fils que j'ai découvert le coaching. Ce nouveau travail allait d'abord venir s'ajouter à toutes mes activités. Il me fallait en effet assurer les coûts du ménage et la fin de la construction de la maison : mon mari ne parlant pas le français, n'arrivait pas à trouver d'autre emploi que des petites missions d'intérim peu rémunératrices. Devenu très agressif et culpabilisateur – « C'est ta faute si j'en suis arrivé là » – il avait surtout découvert que la réalité européenne n'était pas conforme à ses rêves. Dans notre monde occidental, il faut travailler pour gagner sa vie, l'argent ne tombe pas du ciel…

Clin d'œil du coach :

Se mettre en suractivité = se mettre dans le déni d'un deuil.

L'important est de donner son nom au deuil. Si je me sépare de mon conjoint, par exemple, est-ce vraiment le deuil de X ou le plutôt le deuil de ma relation avec mon/ma meilleur(e) pote ? Ou le deuil de l'image de la famille idéale et du statut social ?

Oser qualifier et donner un nom exact au deuil permet de le circonstancier et de l'accepter plus facilement.

Changer de paradigme, progressivement

Il aura fallu cinq ans pour cesser mes missions de conseil, mes cours à l'université et mes piges pour journaux et magazines et arriver enfin à me concentrer uniquement sur le coaching, le mentorat et la formation.

Avec le recul, je dois admettre que mes formations de coach, mon engagement auprès de la Fédération internationale de coaching (ICF) et mon développement personnel ont totalement transformé ma vie. J'ai commencé à la remettre en question et à accepter les nouveaux signes de reconnaissance. Pourtant, je n'arrivais pas encore à l'incarner avec légèreté. La transformation n'était alors qu'en surface. Je grandissais en tant que nouveau coach, je travaillais sur moi-même, je rencontrais des clients qui m'envoyaient très souvent des messages à travers leur questionnement de vie, et je découvrais une nouvelle philosophie de vie qui m'apprenait à prendre soin de moi. J'étais en train de changer de paradigme. Pour la toute première fois de ma vie, je rencontrais des personnes qui avaient modifié leurs valeurs – certaines de manière authentique, d'autres s'efforçant encore de le faire – et qui me témoignaient bienveillance et encouragements sincères. J'étais félicitée pour ce qui j'étais en plus de ce que je faisais. C'était nouveau pour moi. Je me sentais de mieux en mieux.

Me sauver la vie

Malgré les succès professionnels (organisation d'une conférence européenne de coaching puis entrée dans le board mondial de l'ICF), je pesais plus de 140 kg, j'étais en train de me tuer lentement. En plus du stress financier de l'indépendant qui doit remplir son carnet de commandes, et alors que j'avais trois personnes à charge, j'étais minée par le harcèlement moral – les reproches constants, les cris et l'alcoolisme – de mon mari, de plus en plus mal dans sa peau. Il avait sans cesse besoin d'argent, devant « se rendre pour les affaires en Inde » et me mettait la pression. L'amour s'en était allé.

Il me fallait donc trouver une solution radicale et urgente alors que les régimes successifs ne faisaient que provoquer un effet de yo-yo très délétère pour ma santé. Il me fallait aussi trouver des ressources extérieures pour m'aider à m'éloigner de cette horrible image de moi. Le plus déconcertant est que j'apparaissais assez souvent dans les médias comme représentant le coaching à l'époque des pionniers en Belgique, et je n'aimais pas du tout l'image que je projetais. C'était un fait : cette image d'une présidente (du chapitre belge de l'ICF entre 2004 et 2006) en surpoids important n'aidait pas réellement le marché belge du coaching en quête de modèles « fit ». En parallèle, je venais également de créer, aux côtés de quatre autres collègues, une école de coaching dont les formateurs se devaient d'être des modèles « en forme » et « authentiques ». Je m'étais perdue dans ma carapace, ma forteresse.

J'ai donc fait deux grands sauts : une psychothérapie plus soutenue et une opération bariatrique en novembre 2006 (by-pass gastrique). Je savais que l'un n'allait pas sans l'autre : qu'il fallait modifier le regard que je me portais en même temps que mon changement d'apparence physique sinon cela ne pouvait pas réussir. Ces aides extérieures m'ont permis de m'éloigner de ce lent suicide et de ce manque d'estime de moi. À l'époque, je détestais mon corps, à une époque où j'avais pourtant beaucoup de succès et de visibilité sur le marché et que mon adorable fils grandissait tout en douceur.

Un chemin de vie en quelques photos

Photo 1 : Les fiançailles de mes parents. Regardez la tête de mes grands-parents maternels, à droite sur la photo : avaient-ils deviné que ma mère avait caché que son fiancé était divorcé et père d'un enfant ? Et que leur union allait rapidement se solder par un divorce ?

Photo 2 : Sur la digue à Nieuport, j'ai huit ans et vis un véritable calvaire, tant à la maison qu'à l'école. J'ai beaucoup grossi.

Photo 3 : Treize ans. Nous sommes enfin sortis de la maison toxique et je suis fan inconditionnelle de Sheila – elle aura illuminé mon adolescence. À l'époque, je n'ai pas le droit d'être en jeans et suis habillée comme une « dadame ».

Photo 4 et 5 : ma première « vraie » amie, Maggy (au milieu sur la photo de gauche), rencontrée aux guides, activité du week-end. Et Philomène DB qui égaiera mes longues journées au pensionnat. Mes premières bases stables.

Photo 6 : Durant mon adolescence, ma mère me prend pour compagne de voyage et me fait découvrir des régions improbables. Ici, en Ouzbékistan où les femmes m'ont coiffée de façon traditionnelle. Aujourd'hui, je lui suis reconnaissante de m'avoir ouverte à des contrées que je n'aurais jamais visitées de mon plein gré.

Photo 7 : Engagement volontaire en tant qu'ambulancière à la Croix-Rouge de Namur. J'ai 17 ans et commence à donner un vrai sens à ma vie.

Photo 8 : Mes vingt ans et toujours ma guitare. Ici au Maroc, en tant qu'animatrice de camp de vacances. J'ai fait un régime qui m'a fait perdre beaucoup de poids… que je reprendrai malheureusement avec mes déboires business et sentimentaux.

Photo 9 : À 19 ans, je dirige une troupe d'une trentaine de guides de 12 à 14 ans. À ma gauche, notre regretté aumônier Marcel, tellement simple et si peu prosélyte.

Photo 10 et 11 : 1986, avec l'armée marocaine, dans le vent du désert près de Dakhla, Sahara occidental. Un mois plus tard, je visiterai les autres belligérants au conflit, à savoir le Polisario. Ici avec les femmes, dans un camp de réfugiés dans le Sud algérien.

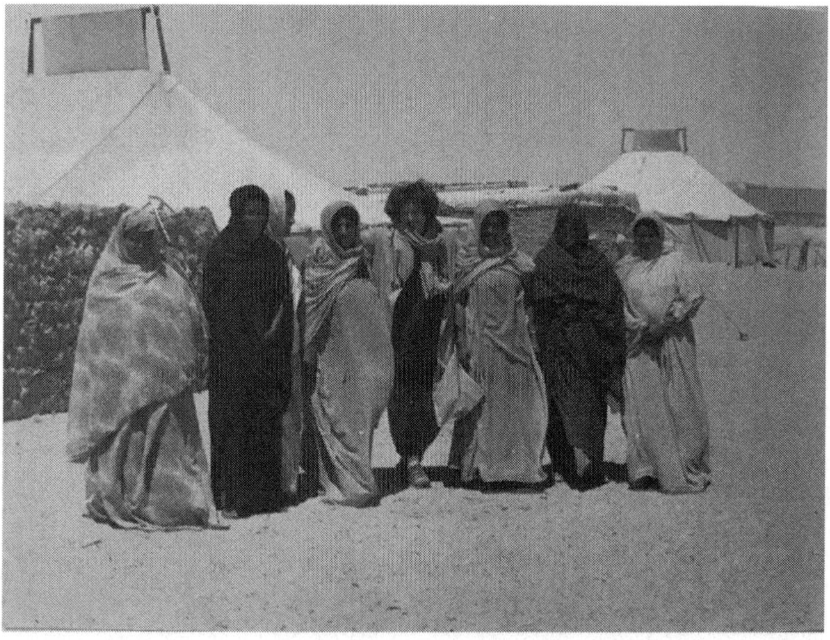

Photo 12 : Deuxième voyage en Chine, en 1988, j'y suis pour négocier au nom de mon université avec le gouvernement chinois.

Photo 13 : 1993. Pour économiser mon budget de construction, je tronçonne moi-même.

Photo 14 : Dans mon futur bureau.

Photo 15 : À Chennai, 1995, sur les traces de la Fondation Damien dans son programme d'élimination de la lèpre.

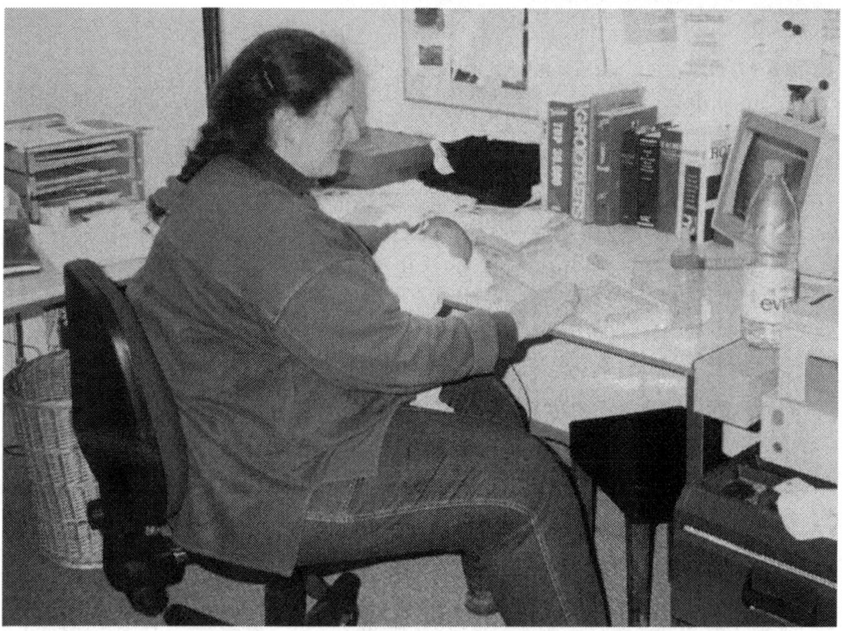

Photo 16 : Janvier 1997. Pas de congé de maternité : le travail m'attend.

Photo 17 : Lancement de l'European Coaching Conference, 2006... et un poids maximum.

Photo 18 : 2007 à Machu Picchu, avec mon ami Pablo. J'ai atteint mon objectif ! C'est le début d'une très belle amitié au Pérou.

Photo 19 : À Cieneguilla, près de Lima, avec la famille péruvienne. Mamita, malheureusement décédée en avril 2023, est à ma gauche, en bleu.

Photo 20 : Mai 2010, cinq semaines avant son décès, ma mère est enfin en paix ; nous nous sommes enfin trouvées.

Photo 21 : Dallas 2010, je termine mon mandat dans le board mondial de l'ICF – je suis en rouge et noir. Après le by-pass, j'ai atteint mon poids idéal, mais suis complètement sous-vitaminée.

Photo 22 : 2016, Pachacamac, Pérou. J'ai une relation incroyable avec les animaux, notamment avec les chevaux.

Photo 23 : avril 2018 à Berlin, j'ai retrouvé mon Raphaël trente-cinq ans plus tard !

Photo 24 : Mon fils m'accompagne à Shanghai : je souhaitais qu'il soit impliqué dès le départ dans la joint-venture chinoise.

Photo 25 : En conférence sur « Les Transitions de Vie » à Shanghai, novembre 2019. Je pensais que les organisateurs allaient choisir un sujet 'business' mais ils ont préféré traiter d'un sujet plus profond. Une découverte.

Je pense que les objectifs ne doivent jamais être faciles, ils doivent vous obliger à travailler, même s'ils sont inconfortables à ce moment-là.
Michael Phelps

Une transformation en surface et en profondeur

Le by-pass gastrique m'a fait perdre près de la moitié de mon poids en deux ans. C'était beaucoup. J'étais passé de la taille 58-60 au 40-42. Incroyable ! Ce n'était pourtant que la surface ; j'avais besoin d'aller plus en profondeur. J'étais accompagnée d'une thérapeute, une dame sévère de près de 70 ans qui insistait pour que je garde mes distances avec ma mère, toujours très exigeante, voire humiliante, à mon égard. La thérapeute au physique de matrone bienveillante m'avait dit que c'était la toute première fois dans sa longue carrière qu'elle conseillait à une patiente de garder ses distances avec un membre de sa famille ; elle préférait de loin que les interlocuteurs communiquent entre eux et trouvent une solution au conflit. Ici, elle avait compris qu'il était vain de vouloir créer un dialogue. Elle pensait que je n'étais pas encore prête à pardonner à ma mère ses paroles empoisonnées, elle qui continuait à me pousser encore (sans m'encourager) à aller plus haut, à prouver ma résistance encore et encore. Je commençais à comprendre qu'elle ne serait jamais satisfaite de mes résultats parce qu'elle était obnubilée par mon apparence physique. Aujourd'hui, je sais que c'était sa façon de « m'encourager » à perdre du poids, mais son renforcement était largement négatif et provoquait l'effet contraire, ses paroles continuant d'être blessantes.

Elle adorait me critiquer en public comme lors de ce dîner de Noël à l'aube de mes 45 ans.

J'avais cuisiné pendant deux jours et préparé une table magnifique, arborant le service de Limoges préféré de ma mère, l'argenterie et le cristal de Bohème. La dinde était à peine sur la table qu'elle m'a invectivée car les pointes des fourchettes étaient noires et qu'elle « était la seule personne qui puisse me faire ce genre de remarques et qu'elle passerait toute sa vie à m'éduquer ». À d'autres moments, elle glissait perfidement : « Tu as l'intelligence mais aussi la méchanceté de ton père ». Une autre pilule empoisonnée... Mon frère souffrait aussi de ses mots empoisonnés : critiquer ses enfants en public semblait encore être son passe-temps favori. C'est en réalisant une constellation familiale[49] que j'ai compris que la colère de ma mère ne m'était pas destinée.

Suivant le conseil de ma psy, j'ai gardé mes distances avec elle pendant quelques mois, mais cela n'a pas été productif ; au contraire, cela a nui à mon moral. Seuls quelques amis connaissaient vraiment la vérité sur ma relation avec ma mère. Et mon fils, qui n'avait que douze ans lors de son décès, avait commencé très tôt à utiliser son sens de l'humour pour mettre une barrière virtuelle entre le poison et moi – alors que cela n'aurait jamais dû être son rôle.

---

[49] Technique mise au point dans les années 90 par un prêtre allemand devenu psychothérapeute, Bert Hellinger, par laquelle des personnes jouent devant vous et de façon muette les acteurs de votre vie. Ici, une personne a joué ma mère, une autre mon père, une troisième mon propre rôle et j'ai pu remarquer les interactions qui se tramaient entre elles. En fait, la colère de ma mère était adressée uniquement à mon père mais en son absence, elle se retournait contre moi ou contre mon frère.

« Et hop, encore du poison de Mamy, Mom, ne te laisse pas avoir… » ou « Elle a encore fait fort, Mamy, aujourd'hui ! »

Certaines connaissances ne pouvaient pas admettre que c'était du poison, car devant eux, ma mère se montrait aimable et attentionnée. Ou, pire encore, ils ne toléraient pas qu'une mère puisse nuire à son propre enfant ; c'était hors de leur capacité de compréhension. Mes vraies amies, notamment Maggy et Monique L., m'écoutaient avec bienveillance et une réelle ouverture d'esprit.

J'ai arrêté la thérapie avec la dame au look sévère et j'ai choisi une de ses disciples de l'époque, Catherine, qui m'a beaucoup aidée. Elle m'a surtout appris à commencer à m'aimer de façon inconditionnelle. J'étais sur le chemin de la découverte. C'était si doux ; je faisais l'expérience d'être écoutée par quelqu'un qui me reconnaissait de façon authentique en tant que personne, pour celle que j'étais. Elle représentait une figure parentale aimante et bienveillante qui connaissait mes blessures et qui m'aidait à trouver une justification à mes actes. Je suis pleine de gratitude pour son aide et de l'avoir trouvée sur le chemin de mon développement. J'ai progressivement revisité ma vie, événement par événement, avec d'autres yeux. J'ai commencé à comprendre la quête incommensurable d'amour-propre de ma mère, qu'elle m'aimait sincèrement tout en pâtissant d'un véritable handicap de communication. Lorsque j'ai réalisé que l'amour de ma mère était authentique, mais qu'elle ne pouvait pas le transmettre avec des mots doux, j'ai commencé à la regarder avec des yeux différents.

La découverte de mon nouveau corps

Je suis entrée dans le Global Board (conseil d'administration) de l'ICF début 2008. Il y a eu une nouvelle série d'articles dans les médias, car j'étais la première Belge à accéder à ce poste de portée mondiale.

Au même moment, j'ai entamé une procédure de divorce, car mon mari n'avait pas respecté sa parole. Je l'ai découvert le matin de mon départ pour mon premier board, à Miami, en janvier 2008. À peine quelques minutes avant l'arrivée du taxi pour l'aéroport, le téléphone a sonné et une dame a demandé à parler à « son mari », pensant que j'étais la secrétaire de celui-ci. Le plus cocasse est que je suis parvenue à conserver mon calme tout en lui demandant quelques renseignements – depuis quand vous connaissez-vous ? Quand vous êtes-vous mariés, etc. Je venais de saisir qu'il menait une deuxième vie en Inde et apprendrais plus tard qu'elle n'était pas la seule. Je n'avais pas vu tout de suite que mon fils venait d'entrer dans le bureau et écoutait la conversation. « Maman, Maman, qu'est-ce qui se passe ? » Je lui ai dit que je lui expliquerai l'histoire et que pour le moment, ce serait bien s'il pouvait juste prendre le combiné et dire simplement « bonjour » à la dame puis de retourner dans sa chambre.

Quand j'ai récupéré le téléphone, j'ai dit à la jeune femme qu'elle « venait d'entendre la voix du fils de son mari et que j'étais son épouse ». J'ai alors entendu un silence pesant et ai éprouvé une immense compassion pour cette jeune femme qui venait de découvrir que son mari et amour de sa vie lui avait caché la vérité. Je lui ai souhaité de trouver la paix et lui ai dit que je comprenais son désarroi.

Quelques minutes plus tard, elle m'appelait « sa sœur ». Je n'avais aucune acrimonie contre elle : dans la naïveté de ses vingt-six ans, elle venait de découvrir la tromperie et tombait de haut, de très haut.

Le dévoilement de cette vérité fut une véritable délivrance pour moi, car mon mari était devenu très violent verbalement, buvant beaucoup et me harcelant sans cesse, me reprochant d'être déçu de sa vie en Europe et me rendant responsable de son mauvais karma depuis qu'il avait quitté l'Inde. Je ne pouvais pas l'aider, j'étais seulement sa femme… Je pouvais juste prier pour lui en lui souhaitant de faire de l'ordre dans sa vie. Je ne comprenais surtout pas pourquoi il se sentait à ce point torturé. Le coup de fil a donc éclairé ma lanterne : il devait vivre sans cesse écartelé entre deux familles, entre deux projets de vie, entre deux pays. Invivable. J'ai donc repris ma vie en main et entamé la procédure de divorce qui me ramènerait la paix.

En mai, j'ai reçu le titre de Master Certified Coach de l'ICF : c'était l'aboutissement d'une longue découverte de dix ans de la profession de coach d'affaires.

La procédure de divorce fut menée à grand train, en moins d'un an. Mon ex-mari avait trouvé un appartement à quelques rues de chez moi et vivait avec sa petite amie indienne. Ils avaient l'air heureux. De mon côté, j'étais rééquilibrée, et mon fils était paisible, allant chez son père quelques jours par mois. Je n'ai jamais limité le nombre de jours passés avec lui car je savais qu'il était important pour l'enfant d'avoir une présence masculine dans sa vie – il voyait son père moins de cinq mois par an pendant les dernières années de mariage.

Et c'est d'ailleurs lui qui avait choisi de limiter ses séjours chez son père après le divorce.

De plus, je savourais ma nouvelle liberté et souhaitais « inaugurer » mon nouveau corps au regard d'un homme. J'ai découvert un premier, puis en deuxième site de rencontres, seule possibilité d'agrandir mon cercle de connaissances, n'étant pas de celles qui passent leurs soirées dans les bars et les dancings et sachant que les couples n'invitent que très peu – c'est un fait – une femme divorcée à leur table. J'ai rencontré plusieurs hommes qui cherchaient une aventure et non un engagement sérieux. Je ne m'en suis pas trop soucié. C'était juste amusant de regarder mon reflet dans leurs yeux gourmands. Puis j'ai trouvé ce cheminement complètement futile et vain car, malgré le plaisir des sens, je finissais par me retrouver seule et désœuvrée le soir chez moi, sans conversation, ni partage, ni vision commune de l'avenir et sans épaule accueillante et protectrice dans laquelle pouvoir me lover.

J'avais subi une opération de chirurgie plastique du ventre et des membres– heureusement financée par mon assurance, car je m'étais affranchie de mon état « d'obésité morbide ». J'étais vraiment en forme. Mais mon visage émacié était devenu grisâtre, car je manquais de fer et d'autres minéraux et vitamines. Ce type de carence est mieux connu aujourd'hui après plus de quarante ans d'expérience depuis les toutes premières opérations bariatriques de type by-pass. C'était l'apprentissage de ma nouvelle condition, car digérer sans estomac et sans pylore empêche mon corps d'intégrer les nutriments vitaux. Certaines personnes en sont mortes, d'ailleurs.

J'ai donc appelé à l'aide, une fois encore, et trouvé la bonne ressource pour m'aider, à savoir un médecin nutritionniste qui m'a fait faire une batterie d'examens et décelé les carences subies par mon organisme. Un an de perfusions de magnésium, de vitamines B, C et D, de zinc et d'autres éléments nécessaires à mon corps m'a permis de retrouver un équilibre. Dorénavant, je savais qu'il allait me falloir surveiller mon sang à intervalles réguliers pour détecter les carences éventuelles – et ceci comme l'on amène sa voiture au garage pour vérifier ses paramètres et rajouter de l'huile le cas échéant.

Au bout de trois ans, j'avais repris environ 20 kg tout en décidant une fois pour toutes de m'accepter telle que je suis. Si vous vous demandez ce que contiennent les compléments alimentaires qui accompagnent mon petit déjeuner, ce sont quelques vitamines et des minéraux vitaux. Je les prends avec joie car ils je sais qu'ils font du bien et nourrissent mon corps. J'ai maintenant trouvé mon poids d'équilibre et je me sens bien et en bonne santé. Surtout, je sais maintenant que ma quête n'est pas mon poids, mais bien ma santé, et cela change tout.

Le plus beau cadeau de ma mère

Ma mère est décédée le 5 juillet 2010. Elle m'a fait le plus beau cadeau dont je pouvais rêver en délaissant son armure et en devenant simplement elle-même, dans la nudité de son authenticité, durant les neuf derniers mois de sa vie. C'est après mon anniversaire début novembre 2009 que j'ai remarqué un changement visible dans sa façon d'être :

elle était plus douce, plus tolérante, plus ouverte, ne cherchant plus à toujours avoir le dernier mot, ne jugeant quasiment plus et surtout ayant cessé de m'humilier.

C'était un revirement à 180°. Elle était un peu plus faible que d'habitude et montrait des signes de résignation ; elle savait que c'était le début de sa fin, à 87 ans. Elle était déçue que la dernière terre dont elle avait hérité de son cher père à la Côte belge ait été cédée à l'État au prix de l'expropriation, c'est-à-dire pour des cacahuètes. Elle avait vu mon frère se remarier avec bonheur. Maintenant, elle me voyait divorcer de ce mari qu'elle soupçonnait de ne m'aimer que pour mon aisance financière, et elle perdait du poids comme jamais auparavant.

La recherche d'un poids idéal avait été sa lutte lancinante et constante. Non pas qu'elle soit en surpoids, du tout, mais elle était perméable aux critiques et les intégrait facilement. Son vrai combat n'était pas là. Son père, mon grand-père, était d'origine juive, et elle avait appris à le cacher depuis son adolescence. Son père lui avait montré la voie, puisqu'il était marié à une Wallonne catholique et qu'il était officiellement athée. Née en 1922, ma mère avait dix-sept ans lorsque la Seconde Guerre mondiale a éclaté. La maison de mes grands-parents était située à cinq cents mètres du siège de la Gestapo à Bruxelles.

Maman m'a dit que son père avait été emprisonné pendant la guerre et que sa mère l'avait envoyée à la prison pour voir s'il serait possible de l'en sortir. Sans plus d'information, elle s'était rendue à la prison tel un agneau sur le chemin des loups. Très sexy et fraîche et, en plus, parlant couramment l'allemand et faisant montre d'un grand sens de l'humour, elle avait réussi à faire libérer son père. Quel courage ! Après cet événement dramatique, mon grand-père a dû se cacher pendant trois ans dans le grenier…

La guerre a laissé des séquelles. Elle en a toujours conservé un complexe. « On m'appelait la fille du Juif », confiait-elle. Une adoration sans bornes pour ce père qui lui avait transmis le sens du devoir et du sacrifice. Elle consacrait toute son énergie à lui rendre hommage par son travail dans leur société immobilière. Avec des collègues de la Bourse de Bruxelles où il était arbitragiste pour la zone franc-dollar, mon grand-père avait créé une société immobilière, construit deux grands lotissements, l'un dans la banlieue bruxelloise et l'autre à Nieuport, sur la côte belge où il a même été à la base de la création de ce qui allait devenir l'un des plus grands ports de plaisance de la mer du Nord. Lorsqu'il fut renversé par une voiture en 1961, elle a senti qu'elle devait « poursuivre la mission de son père » pour équiper davantage la station balnéaire et a décidé de construire un complexe restaurant-club de sport en 1973, en plein milieu de la première crise pétrolière. Quelle abnégation !

Heureusement qu'elle n'est plus là pour constater que le complexe dans lequel elle avait tant investi – financièrement, émotionnellement – est à présent remplacé par un immeuble à appartements… Et quand elle a appris à la même époque que ses dernières terres allaient être classées en zone naturelle, elle a décidé de consacrer un énorme budget pour poursuivre l'État belge en saisissant la Cour des Droits de l'Homme à Strasbourg au titre de non-respect de sa propriété.

Elle fut déboutée. Impossible d'admettre cette décision inique et sans fondement prise pour geler les dernières terres d'un lotissement pourtant parfaitement légal. Elle était déterminée et têtue, avec un sens profond du devoir et une incommensurable loyauté vis-à-vis de son père adoré et de ses projets de lotissement. Pendant plus de quarante ans, elle avait dédié tout son temps à vendre des terrains, à meubler des appartements et…. à nous laisser, mon frère et moi, enfants puis préados, pendant les semaines de vacances à musarder dans les avenues de Nieuport avec nos copains de l'époque, sinon à nous envoyer dans des pensionnats et des camps de loisirs pour qu'elle puisse poursuivre son activité.

Quelle force de caractère ! Quand elle avait rencontré mon père, elle s'était bien gardée d'avouer à ses parents qu'il était divorcé et père d'un fils né pendant la guerre. Je soupçonne pourtant mes grands-parents d'avoir flairé le loup : sur la photo des fiançailles, on aperçoit mes parents et ma grand-mère paternels tout sourires, tandis que mes grands-parents maternels tirent une tête d'enterrement… Imaginez notre surprise, à mon frère et moi, quand nous avons vu apparaître notre demi-frère caché ! Il nous avait retrouvés parce que mon nom était apparu dans l'annuaire téléphonique quand je m'étais établie dans mon petit appartement à l'âge de dix-neuf ans.

Sans doute était-ce la culpabilité – ou je ne sais quoi d'autre – qui avait rongé ma mère et l'avait soustrait de tout type de plaisir authentique : il suffisait qu'elle entamât une part de gâteau pour qu'elle se mette à parler de régime !

Quand on lui faisait un compliment, elle le renvoyait fissa à son expéditeur ou se tortillait de gêne. Elle était un contre-exemple de l'expression du bonheur et de la liberté ; surtout, elle n'arrivait pas à s'aimer de façon inconditionnelle... Pour cela, je la remercie de m'avoir montré des comportements à l'opposé de mes valeurs.

D'un côté, vous pouviez voir une femme très forte, déterminée, avec la puissance de la succession morale de son père et, de l'autre, elle ne se donnait que très peu la permission de passer de bons moments, de profiter du bon côté de la vie. En fait, elle le faisait, mais toujours avec le sens du devoir. Par exemple, elle rédigeait des résumés des livres qu'elle lisait ; elle tenait un journal de ses voyages afin de se les rappeler tous jusqu'à un âge avancé ; elle tricotait devant la télévision pour ne pas perdre de temps. Elle me confiait souvent qu'elle se cultivait par discipline plutôt que par plaisir.

Neuf mois avant sa mort, elle a commencé à regarder la vie différemment. Elle a commencé à partager sa vulnérabilité, à lâcher son autovictimisation et sa colère. Elle a commencé à me dire qu'elle m'aimait. Elle s'est mise à pointer les aspects plus positifs de la vie et à exprimer de la reconnaissance. Elle dégageait enfin de l'amour, de la tendresse et de la douceur. Le changement était radical : son armure avait été remisée pour toujours au vestiaire. Elle apparaissait dans la beauté de sa vulnérabilité aimante. C'était si beau, si émouvant. Nous avons commencé à avoir des conversations plus profondes ; nous avons commencé à réécrire le passé avec compassion et compréhension. Notre évolution fut mutuelle, non seulement en surface mais aussi en authenticité. Elle était plus patiente – avant, elle m'appelait au petit matin pour me demander une tâche. Elle était devenue vulnérable et aimante.

C'est la mère dont je veux seulement me souvenir. Autant elle avait été remarquable du fait de sa volonté de poursuivre l'œuvre de son père, de sa grande culture, de son raffinement et de la qualité de sa foi chrétienne, autant elle avait été une mère dure et intransigeante, et autant elle allait se montrer la mère bienveillante et encourageante, celle dont j'avais rêvé depuis mon enfance. Comme le dit le proverbe, mieux vaut tard que jamais.

Le 5 juillet 2010, en début de soirée, elle a commencé à s'éteindre. Je lui ai tenu la main et chanté pour l'aider à passer de l'autre côté du miroir. Comme le dira le parrain de mon fils le lendemain, « Tu étais en train de l'accoucher à l'envers ». Quelle jolie phrase ! Mon frère était là aussi, dans un silence profond. J'encourageais maman à ressentir l'amour de ses chers parents et à oser les rejoindre là-haut dans l'Ether, sans peur, avec foi. Elle nous a quittés à 21 h 30. Mon frère et ma belle-sœur sont partis tout de suite après. Moi, je suis restée toute la nuit à lui parler. Je lui ai partagé mon amour, ma gratitude pour tout ce qu'elle m'avait apporté, mais aussi ma colère pour l'éducation sans tendresse et si dure que j'avais reçue. Je lui ai donné mon pardon, car j'avais compris qu'elle souhaitait nous rendre aussi forts et résistants que possible – un héritage de sa propre éducation très dure – mon grand-père aurait préféré des garçons pour reprendre ses affaires immobilières et non deux filles et il les avait éduquées « comme on gère une entreprise » (ce sont les mots de ma mère), donc avec amour teinté d'exigence et de rudesse.

J'avais besoin de vider mon sac émotionnel pour être en paix avec elle pour toujours.

Pendant l'été, Catherine, ma psychothérapeute, m'a aidée à faire mon deuil de la bonne façon, c'est-à-dire dans un amour authentique et englobant. Spécialiste des régressions (revivre ses premiers jours et sa naissance), elle pratiquait son art dans une piscine, ce qui lui permettait de porter ses patients dans ses bras, comme une mère porte son bébé. Entourée de ses bras bienveillants et aimants, j'ai pu ainsi découvrir comment une mère pouvait aimer. Bien sûr, c'était son travail, mais sa façon d'agir était splendide et m'a beaucoup soutenue. Merci pour tout cela, Catherine, toute ma gratitude. Juste après, nous sommes allés, mon fils et moi, voir Mamita[50] à Cieneguilla, près de Lima, et je suis allée verser ma larme dans son épaule accueillante et toujours joyeuse.

---

[50] Mamita est la mère de Pablo, notre guide péruvien. Je l'ai rencontrée en 2007 quand nous avons été logés dans la famille de Pablo. Depuis lors, mon fils et moi y retournons dès que nous le pouvons car nous avons trouvé une magnifique famille de cœur. Et le neveu de Pablo, Angelo, est d'ailleurs venu passer près d'une année chez nous juste après mon divorce. Mamita est décédée en avril 2023, à l'âge de 92 ans. Je ne l'avais pas vue depuis 2019 à cause du Covid. Mon fils lui a rendu visite en septembre 2022 et m'a averti qu'elle déclinait. Cela m'a motivée à aller la voir en février 2023. Cette dernière rencontre fut teintée d'amour et nos adieux furent déchirants car nous savions toutes les deux que c'était la dernière fois que nous étions dans les bras l'une de l'autre.

Si tu veux aimer, apprends d'abord à t'aimer

Aujourd'hui, je suis en paix totale avec ma mère. Quand je vois sa photo, je lui fais un clin d'œil et lui souris. Elle fait partie de moi pour toujours. De plus, j'accepte pleinement la diversité de mes origines : italienne et française du côté de mon père, wallonne et ashkénaze du côté de ma mère. Je tiens aussi à leur rendre hommage à tous. Je n'ai rien à cacher, aucune honte, juste la fierté d'un passé culturel aussi riche.

S'accrocher à la colère, c'est comme saisir un charbon chaud dans l'intention de le jeter sur quelqu'un d'autre ; c'est vous qui vous faites brûler. Bouddha

J'accepte aussi mon corps tel qu'il est. Je loue les femmes comme la mannequin Ashley Graham qui sont fières de leur corps pourtant différent de ceux de l'univers impitoyable et anorexique de la mode. Ma décision a été prise après une chirurgie plastique sur mes jambes, juste après ma grande perte de poids. Les chirurgiens m'ont enlevé beaucoup de peau, mais mes jambes ne seront jamais parfaites. Alors pourquoi me laisser enquiquiner par une quête impossible ? J'en parle également pour vous prévenir car ce que les chirurgiens ne vous disent pas, c'est qu'en réalisant leur liposuccion, ils modifient considérablement le système lymphatique des jambes car de nombreux ganglions lymphatiques sont absorbés par leur pompe à liposuccion, ce qui génère de la rétention d'eau dans les jambes. Vigilance…

Plus de dix ans plus tard, j'ai définitivement abandonné l'idée que l'on me charcute à nouveau. Je me suis acceptée telle que je suis aujourd'hui tout en faisant de mon mieux pour maintenir ma bonne santé : faire de l'exercice, bouger et me nourrir de façon qualitative et nutritive pour me maintenir en forme. Tout en faisant de magnifiques craquages, je ne m'en cache plus, je les savoure. J'ai simplement décidé de ne pas dépasser un poids symbolique et je m'y tiens.

Je suis en train de franchir un nouveau pas : aimer pleinement sans attentes, mais seulement avec gratitude et en lâchant prise. Sans amour de soi, il est impossible d'aimer l'autre de façon authentique et avec joie et gratitude. Sans amour de soi, on continue à avoir de grandes attentes. Ce n'est pas pour l'autre mais pour soi : suis-je suffisamment aimable à mes propres yeux si mon partenaire ne correspond pas tout à fait aux standards de beauté, d'intelligence, de richesse ? Il s'agit là encore d'un amour conditionnel. Je fais confiance à l'Univers pour me faire intégrer le message. A ce niveau, c'est une fois que j'ai appris à m'accepter telle que je suis qu'il m'a fait revoir un 'pote d'univ' des années 80, qui est à présent mon compagnon bienveillant et plein d'humour.

Clin d'œil du coach :

Analyser ses attentes et les transformer en gratitude.

Exprimer sa gratitude tout simplement par un « merci ».

Cela change la vie.

Devant le miroir

Je vous ai fait part de mon histoire dans le seul but d'être utile et expliquer qu'un by-pass gastrique peut être mortel s'il n'est pas accompagné d'un programme nutritionnel et d'une thérapie efficace (dans la douceur et l'amour inconditionnel). Je voulais également vous expliquer qu'un début de vie difficile peut être corrigé et guéri grâce à l'autogestion et à l'utilisation de ressources externes telles que le coaching et la psychothérapie. Je voulais aussi témoigner du fait que les troubles alimentaires, l'obésité, la boulimie et l'anorexie sont les symptômes d'une blessure profonde, d'une humiliation ou d'un manque d'amour véritable. Je rêve d'un monde où les gens comprendront cela et créeront des accompagnements d'amour pour venir en appui aux enfants obèses ou anorexiques et leur permettre de surmonter leur douleur et leur mal-être.

Quasiment toutes mes conversations de coaching et de mentorat mènent à un point central : est-ce que mon client s'aime vraiment et de façon sincère ? A-t-il besoin de se tester continuellement et de placer la barre aussi haut pour prouver son amour de soi ? Quelle est la raison d'un manque d'estime de soi, d'une quête brûlante de performance, d'un manque d'équilibre de vie ?

Il y a quelques années, j'ai accompagné une femme magnifique qui, pourtant, se trouvait fort laide. La raison ? Un mari de vingt ans son aîné qui l'humiliait constamment. Au fil des séances, elle a pris conscience que ce n'était qu'un stratagème pour s'assurer qu'elle ne le quitterait pas pour un partenaire plus jeune. Qu'à cela ne tienne, l'impact sur elle était réel : elle avait perdu toute confiance en elle et regardait son corps avec dédain. À un moment donné, j'ai eu une intuition. Que se passerait-il si je la conduisais devant le miroir et que je lui faisais comparer son corps au mien ? Le coach ne se place jamais dans l'histoire de son client – il reste neutre – mais j'avais l'intuition que ce serait une façon simple et rapide, car simplement factuelle, de lui faire admettre à quel point elle était splendide. Je lui ai donc proposé un exercice et elle a accepté avec curiosité. Je devais faire attention à ne pas m'humilier ni à dénigrer mon propre corps mais simplement lui montrer que même avec un corps imparfait, l'acceptation et l'amour de soi sont possibles.

Devant le miroir, je lui ai demandé : « Que penses-tu de tes jambes au regard des miennes ? Pas si mal, hein ? Et tes seins, sont-ils aussi laids que tu le prétends ? Non ? » Ça a marché ! Plutôt logique : j'avais vingt ans de plus qu'elle et, même si je suis très bien conservée pour mon âge, il était somme toute normal qu'elle se trouvât bien plus belle. J'étais en paix car je savais que mon âge serait un atout dans cette situation, sachant que son mari était plus âgé. J'ai vu ses épaules et son tronc se redresser, se donnant la permission de mettre ses seins en avant. J'ai vu son regard devenir plus altier. J'ai clairement constaté que son moral, sa confiance en elle et son niveau d'énergie étaient requinqués.

Néanmoins, ces aspects physiques ne portaient que sur la surface. Il fallait encore aborder ses croyances profondes sur la beauté et l'indépendance. En fin de coaching, elle s'était accordé la permission d'être jeune et belle et cela, même si cela rendait son mari jaloux.

Vos pensées sont les architectes de votre destin. – David O. McKay[51]

Réflexions d'autocoaching : L'amour de soi

Maintenant que vous avez découvert ces histoires, je vous invite à réfléchir sur l'AMOUR QUE VOUS VOUS PORTEZ À VOUS-MÊME :

- Quel est le pouvoir authentique inhérent à mon amour pour moi ?
- Quelles sont mes croyances limitatives qui m'empêchent de m'aimer ?
- Quelles sont mes croyances en l'amour que je peux me porter et qui me donnent de la puissance, de la force ?
- Qu'est-ce que j'apprécie chez moi ?
- Comment puis-je faire pour voir ma propre grandeur, ma valeur intrinsèque, et en faire une routine ?

---

[51] Ordonné apôtre en 1906, l'américain David O. McKay a été président de l'Église de Jésus-Christ des saints des derniers jours de 1951 à sa mort en 1970.

Humilité

Le jour où je me suis aimé pour de vrai[52], j'ai cessé de chercher à toujours avoir raison et depuis, j'ai eu moins souvent tort. Aujourd'hui, j'ai découvert qu'il s'agissait de l'Humilité.

L'humilité est étroitement liée à la capacité, ou non, de l'ego de se calmer. Les manifestations de l'ego sont multiples. Dans son livre *Nouvelle Terre*[53], Eckhart Tolle explique que l'ego a besoin de beaucoup de nourriture émotionnelle pour se sentir apprécié à sa juste valeur. Selon lui, le « corps de souffrance », qui est la manifestation de l'ego à travers les informations et les émotions négatives, a besoin d'un bon paquet de drames pour se sentir important. Plus une personne exagère à propos d'une situation, plus le corps de souffrance s'en retrouve ragaillardi. Il se gonfle comme la crête d'un coq.

---

52 As I began to love myself, I quit trying to always be right, and ever since I was wrong less of the time. Today I discovered that is "MODESTY." Remarquez que McMillen utilise le terme « modestie » ; personnellement, je préfère le terme « humilité ».

53 Eckhard Tolle, *Nouvelle Terre*, Éditions Ariane, 2018.
Je vous conseille de bien vous accrocher car les trois premiers chapitres sont assez ardus – chaque phrase mérite d'être annotée tellement le livre est profond. Une manière agréable de le découvrir est de lire un chapitre puis de suivre la leçon publique qu'Eckhard Tolle a donnée avec Oprah Winfrey, et que vous pouvez trouver sur YouTube.

L’ego nous complique la vie !

Je me souviens de mes premiers cours donnés à l’université. J’ai commencé par enseigner le management aux cours de première – en anglais. Puis on m’a proposé d’élargir ma palette en incluant la gestion stratégique et le commerce international, cette fois-ci dans des classes de maîtrise, donc avec des groupes plus limités. Au bout de trois ans, on m’a demandé d’enseigner dans les classes de MBA (Master en Administration des Affaires). Nombre d’étudiants étaient plus âgés que moi. Je devais faire mes preuves, ou plutôt, mon ego devait faire ses preuves.

D’anciens étudiants que je revois encore aujourd’hui se souviennent de moi comme d’un professeur très exigeant et très strict en termes de résultats : je refusais les travaux s’ils avaient un demi-jour de retard, arguant qu’un directeur se doit de présenter un rapport en temps et en heure à son conseil d’administration. J’avais tendance à surcharger le cours de travaux pratiques. Heureusement, mes tests et mes examens étaient difficiles mais reconnus comme justes. Je préférais poser des questions de réflexion sur la théorie plutôt que la théorie elle-même que je considérais comme étant connue. C’était surtout l’apanage des classes de MBA où l’apprentissage est principalement basé sur des analyses de cas. Je n’agissais pas comme certains collègues vicieux qui se font un malin plaisir d’interroger leurs étudiants sur les notes de bas de page !

Au fil du temps, sans renier mes exigences de qualité d’enseignement, j’ai progressivement apprivoisé mon ego et adopté une attitude de coach. L’atmosphère du cours a diamétralement changé. J'étais plus détendue et nous riions beaucoup. Les résultats étaient impressionnants : quasiment tous étaient au diapason de la matière donnée, suivaient le rythme et fournissaient des travaux de très grande qualité. J'étais ravie. J'avais surtout changé de paradigme en liant leurs résultats à mes qualités pédagogiques. Ce que je partageais en début du semestre : « Nous sommes ensemble dans le même bateau. Mon job est de vous faire intégrer une matière passionnante. Le vôtre est de remplir votre contrat : suivre le rythme et restituer des travaux de qualité. Réussissons ensemble ».

Pour rendre la théorie plus vivante, les étudiants choisissaient leur secteur d'activité préféré et l'utilisaient pour illustrer la matière couverte durant le cours. C'était beaucoup plus amusant d'apprendre la gestion stratégique à travers les mouvements du marché, en particulier les fusions et acquisitions. Tout se déroulait désormais dans une plus grande légèreté. J'avais troqué le mode compétition par un mode coopération. Quelle différence par rapport à mes premières années ! Et quand j'ai estimé, après dix-sept rentrées académiques, avoir fait le tour du sujet, j'ai arrêté, tout simplement. Mieux vaut partir avant d'être usé…

Aujourd'hui, quand mon fils m'explique à quel point un professeur se montre intransigeant, mon premier réflexe est de lui demander son âge. Bien que celui-ci soit un facteur important, il n'est pas le seul : l'ego mais aussi l'angoisse de ne pas être à la hauteur – le fameux syndrome de l'imposteur – restent les facteurs principaux. La facilité m'est venue en apprivoisant mon ego, mais aussi avec l'expérience :

je maîtrisais mon sujet à fond et il se concevait de façon très claire dans mon esprit. Comme l'écrivait Boileau[54] : « Ce que l'on conçoit bien s'énonce clairement et les mots pour le dire arrivent aisément. »

Le feedback est un cadeau !

Une façon de mesurer sa capacité à rester humble est de voir comment l'on accepte les remarques et les feedbacks. Longtemps, ils m'ont fait mal, voire très mal car je les prenais de façon personnelle en oubliant qu'il s'agissait pourtant d'un cadeau. N'oublions pas qu'un feedback sert à nous rendre conscient d'une zone aveugle que nous ne voyons pas, comme ce qui se passe dans notre dos, par exemple – le morceau de persil coincé entre deux dents durant une conversation, la réaction d'interlocuteurs que nous n'avons pas perçue et que l'on nous rapporte pour nous prévenir, et bien d'autres choses encore. Seules les personnes courageuses et authentiques sont capables de fournir un feedback constructif et stimulant : elles méritent notre gratitude et notre respect.

Donner des feedbacks constructifs amenant à une prise de conscience fait partie des compétences du coach. Avec l'expérience, j'ose beaucoup plus qu'auparavant fournir des

---

[54] La phrase complète de Nicolas Boileau est la suivante : « Il est certains esprits dont les sombres pensées sont d'un nuage épais toujours embarrassées ; Le jour de la raison ne le saurait percer. Avant donc que d'écrire apprenez à penser. Selon que notre idée est plus ou moins obscure, l'expression la suit, ou moins nette, ou plus pure. Ce que l'on conçoit bien s'énonce clairement et les mots pour le dire arrivent aisément. »

feedbacks, parfois corsés, à mes clients. Soit j'utilise le mode direct quand la personne m'indique qu'elle est prête à le recevoir – je demande toujours la permission avant de fournir un feedback – soit j'utilise les métaphores et les analogies si je sens que la personne est chatouilleuse ou quelque peu frileuse au retour d'information.

Un des feedbacks les plus difficiles que j'ai dû fournir constitue un excellent exemple de la difficulté de notre métier. Il faisait chaud ce jour-là, plus de 33°, et mon client m'avait demandé de l'aider à préparer un entretien d'embauche pour le lendemain. Quelque chose sentait bizarre. Je me suis vite rendu compte que c'étaient ses pieds nus dans ses Docksides qui généraient cette mauvaise odeur. Comment le lui dire ? Quel dilemme ! Soit il risquait de fort mal le prendre et perdre la face si je le lui disais, mais au moins j'aurais effectué mon travail de coach, soit son interview du lendemain risquait d'être plombée si je me taisais et j'aurais été contre mes valeurs d'honnêteté et d'authenticité.

À un certain moment, il m'a donné l'occasion d'en parler. À ma question « Il fera très chaud demain aussi, comment comptes-tu t'habiller ? », il a répondu qu'il porterait un costume léger... « Et comme chaussures ? » « Celles-ci, elles sont très bien », a-t-il répondu. C'était le moment propice pour réagir. « À ce propos, as-tu remarqué que je me suis levée plusieurs fois pour ouvrir la fenêtre ? » « Oui, surtout que cela ne sert à rien avec une telle chaleur dehors ». « Sais-tu ce qui m'y oblige ? », « Non », « OK, je te dois une explication. Avec le temps, le cuir des Docksides absorbe la transpiration et avec cette chaleur, les odeurs sont plus exacerbées.

Je ne t'aurais rien dit si tu ne m'avais pas confié que tu allais porter ces chaussures demain mais, là, je me devais de te le dire. »

Il m'a chaleureusement remerciée, mais j'ai d'emblée senti à quel point il était embarrassé. « Ne t'inquiète pas, cela arrive souvent. » Je savais que c'était la dernière fois que nous allions nous voir. Mais à aucun moment, je n'ai regretté ce feedback. C'est seulement un an et demi plus tard, pour le Nouvel An, que j'ai reçu une carte postale avec ce mot : « Merci beaucoup pour ton soutien, Sylviane. Cela m'a beaucoup aidé. Merci encore. »

Clin d'œil du coach :

N'attendez pas les feedbacks, organisez-les, offrez-vous ce cadeau ! Mieux, placez-vous en mode « feedforward » qui consiste à demander ce que vous pourriez faire différemment si la même situation devait se produire.

Poser la question de cette façon implique automatiquement une réponse constructive.

Ce sont des questions du type : « Quels sont les points de mon intervention d'aujourd'hui que tu as appréciés ? Et aurais-tu des conseils à me donner pour que ce soit encore meilleur la prochaine fois ? »

Accepter d'être vulnérable et de rester dans l'ombre

Un professionnel devrait être capable d'exprimer sa vulnérabilité. La question est : jusqu'où oser aller ? Si c'est trop, le client pourrait perdre confiance ; si c'est trop peu, le professionnel pourrait projeter une image d'invulnérabilité, de froideur, et créer une sensation de mal-être chez le client.

Dix minutes avant d'accueillir un client, j'apprends que mon adorable voisin de 98 ans vient de décéder. Or, je lui avais rendu visite la veille au soir à l'hôpital. Quel choc ! J'aurais dû remettre la séance car j'étais dévastée, mais comme mon client avait fait plus d'une heure de route, j'ai voulu honorer sa présence. Pendant une grosse partie de la séance, je me suis battue contre moi-même, car je voulais rester concentrée sur ses propos. En vain : je n'y parvenais pas. J'ai alors trouvé que ce serait plus respectueux pour lui de lui partager ma difficulté. Il a parfaitement compris mais s'est senti gêné car l'information était arrivée tard dans la conversation et, par conséquent, il culpabilisait de me voir le soutenir dans ces circonstances aussi difficiles pour moi. Ce n'était évidemment pas l'effet escompté : c'est moi qui suis là pour le soutenir et non l'inverse !

Je lui ai expliqué mon dilemme : respecter le fait qu'il avait fait tant de route et l'écouter du mieux possible, ou remettre la séance mais ce serait contre ma valeur « respect » vu que je n'avais pas pu le prévenir plus avant. Remettant l'église au milieu du village, j'ai reprécisé le cadre et que malgré sa gentillesse, c'était à moi d'arriver à me recentrer ; cela fait partie de ma pratique. Soulagée d'avoir ouvert mon cœur, j'ai pu continuer la séance avec une concentration maximale : en lui déposant ma peine, je m'étais départie de la pression et pouvais désormais l'écouter avec la plus grande attention. Le reste de la séance s'est déroulé normalement.

Les « processus parallèles » sont bien connus des psychologues et des coachs professionnels : quand l'histoire du patient ou du client s'inscrit en parallèle avec celle du praticien. Tout professionnel doit être à même de gérer ce type de situation ; la supervision lui permet précisément de s'en épancher auprès d'un collègue plus expérimenté. Le danger du manque de neutralité s'avère réel quand le professionnel projette ses propres options ou solutions sur celles de son patient ou client, sans tenir compte de l'environnement de celui-ci. Personnellement, je me donne parfois la permission de partager l'effet parallèle avec mon client, en lui disant simplement : « Je me suis retrouvée dans une situation similaire. Si vous sentez la moindre projection de ma part, n'hésitez pas à m'en faire part, j'apprécierai beaucoup. »

Pratique du métier oblige, le coach doit rester dans l'ombre une fois les présentations faites. Le client, surtout en entreprise, a généralement reçu le CV du coach ou consulté son profil LinkedIn et connaît donc son parcours. Ou le coach peut parfaitement se présenter lors de la première rencontre, laquelle est précisément axée sur la création d'une complicité avec son client, sur la création de liens profonds et sur la vérification que la « chimie » opère. Une fois cette réunion terminée, la pratique lui dicte de rester sur le banc, dans l'ombre, à l'instar de ce qui se fait dans le sport, et que ce soit le client seul qui soit dans la lumière. L'attention est donc portée uniquement sur l'histoire de vie du client.

Il est permis, pour un coach, de parler de lui quand cela sert réellement l'objectif du client et qu'il reste humble. Quand une cliente m'a dit qu'elle était trop âgée, à 37 ans, pour avoir un enfant, je lui ai confié que mon garçon est arrivé à l'aube de mes 40 ans. Ici, je « servais la cause ». En coaching, je me retire de la lumière ; en mentorat, je partage mon expérience et c'est le client qui choisit mon mode d'intervention.

Retour aux fondamentaux… et à mes valeurs fondamentales

C'est curieux comme l'Univers a le don de me ramener sur terre, parfois violemment, quand je me mettais à planer trop haut et me laissais bercer par mes illusions. Comme expliqué dans le chapitre sur l'authenticité, ma première grosse claque avait eu lieu à 26 ans, quand j'avais dû sauver mon entreprise. La seconde s'est produite trois ans plus tard quand j'ai dû quitter mon magazine après que son propriétaire l'eut vendu à un dictateur du Moyen-Orient. Deux ans après ma nomination en tant que rédacteur en chef, j'avais réussi à agrandir l'équipe de rédaction pour atteindre dix-huit journalistes internationaux de haut niveau. Nous faisions du bon travail, restant aussi neutres que possible notamment face à des conflits africains où nous nous portions fort d'interviewer tous les belligérants ou alors que nous osions explorer des thèmes difficiles et conflictuels.

À la fin des années 80, l'Europe avait été secouée par une vague d'attaques terroristes : attentat dans le métro de Paris, avions détournés voire abattus, etc. Aussi, lorsque j'ai appris que le magazine serait bientôt vendu à un pays terroriste et deviendrait un moyen de propagande en Europe occidentale et en Afrique francophone, j'ai convié l'équipe dans mon petit appartement et demandé qui souhaitait « reprendre mon tablier » (ce furent mes mots). Il était hors de question que je devienne le sbire – plutôt le porte-fort féminin et propagandiste – d'un dictateur. Tous, absolument tous, ont démissionné avec moi.

Une fois de plus, je me suis retrouvée sans salaire alors que je continuais à payer des annuités pour les prêts contractés trois ans plus tôt. Mais j'étais fière de moi : j'avais respecté mes valeurs. Aujourd'hui encore, je peux me regarder dans la glace sans ciller. Plaie d'argent n'est jamais mortelle.

Dans les trente ans qui ont suivi, je suis sortie de trois autres projets pour les mêmes raisons : ils ne concordaient plus avec mes valeurs. À chaque fois, cela a eu un coût, à chaque fois, la porte fermée m'en a fait ouvrir d'autres, toujours plus intéressantes sur le plan intellectuel. Et j'ai toujours gardé la foi en ma résilience et en l'abondance de l'Univers. Aujourd'hui, je sais que mes performances au travail sont intimement liées au respect de mes valeurs. J'ai besoin d'être alignée pour fonctionner correctement. Comme tout le monde, en somme.

J'ai aussi appris à surveiller mon ego de très près et à faire de mon mieux pour ne pas me reposer sur mes lauriers.

Le réveil vers l'humilité s'est encore appliqué en 2019 quand mon fils m'a secoué les puces, voyant que je m'endormais à l'aube de mes 60 ans, ce qui m'a fait repartir vers les bancs de l'école et vers d'autres aventures plus internationales – j'en parle dans le chapitre suivant.

Maintenir les pieds sur terre fait partie des leçons de vie, analyser son parcours avec objectivité et y insuffler une nouvelle créativité, même quand les choses semblent acquises. Après quarante ans de carrière, j'ai appris que rien n'est vraiment constant dans la vie professionnelle. Le chaos est devenu notre routine, nous l'avons tous découvert en 2020 avec la crise du coronavirus et en 2022 avec la guerre en Ukraine. Et surtout que l'autosatisfaction et la complaisance pour soi sont des maladies professionnelles létales.

Ne me jugez pas sur mes succès, mais sur le nombre de fois où je suis tombé et me suis relevé. – Nelson Mandela

L'ego à la bonne taille…

Une question qui ressort assez souvent de la pratique est : comment se présenter ? Je suis toujours étonnée par les personnes qui livrent tout leur pedigree devant une foule d'inconnus. Soit, elles sont très (ou trop ?) confiantes, soit, au contraire, elles ont besoin de prendre de l'espace pour se sécuriser (je parle de l'OK-corral ; voir l'annexe 2).

Bien sûr, beaucoup de gens savent comment se présenter avec le juste ton et la bonne quantité d'informations. Mais ce n'est pas toujours le cas. Dans l'une des conférences du club de femmes dont je fais partie, la conférencière avait constaté que beaucoup d'entre elles parlent en premier lieu de leur vie familiale quand elles se présentent. Imaginez un cadre de haut niveau qui se présenterait : « Bonjour, je m'appelle XX et suis père de deux beaux enfants de douze et quatorze ans. » Fort peu envisageable !

Mesdames, soyez fières de votre position dans la hiérarchie de votre entreprise, clamez le titre de votre fonction haut et fort, n'hésitez pas. Quelle que soit votre fonction, osez vraiment vous montrer ! J'ai appris à me présenter en tant que maître coach certifiée depuis une quinzaine d'années et assume pleinement ce titre car je l'ai mérité. Si c'est votre cas, arborez votre bannière fièrement, c'est la vôtre et vous vous êtes battue pour l'obtenir – c'est évidemment la même chose pour les hommes. Il n'est pas nécessaire de s'effacer inutilement ou d'accepter d'être mal présenté(e) par autrui. Je me souviens de ma frustration lorsque, lors d'une réunion de l'ICF en Belgique, personne n'avait mentionné que j'étais membre du conseil d'administration mondial et même vice-présidente mondiale cette année-là. Une collègue spécialisée en marketing personnel m'avait alors donné ce conseil : « Si tu veux t'assurer d'être bien présentée lors d'une réunion, c'est à toi de fournir les éléments ad hoc à l'organisateur. Tout est question de préparation ». Merci infiniment pour la leçon que j'applique quand une présentation bien positionnée sert la cause. Si elle ne sert que mon ego, je fais de mon mieux pour lâcher prise.

Et quand Philippe, mon webmaster m'a dit, avec l'humour qui le caractérise : « Alors, tu n'as qu'à mettre des photos de moi sur ton site ! », cela avait été une jolie petite douche froide. C'était en avril 2020. Pour la première fois depuis une quinzaine d'années, j'allais réapparaître sous mon nom sur la Toile. Auparavant, mon profil été présenté sous la bannière des écoles de coaching que j'avais cocréées. En avril 2020, j'hésitais encore à présenter mon pedigree et j'avais une série de photos dans mes archives digitales, prises notamment lors de conférences que j'avais données dans divers pays. Allais-je oser les publier ? Ne serait-ce pas considéré comme de l'esbroufe ? Ou un manque total d'humilité ? J'avais encore dans l'oreille mes deux ex-partenaires d'écoles de coaching m'intimant à la modestie – un subterfuge car « je leur faisais de l'ombre » ? J'ai donc posé la question et montré lesdites photos à plusieurs personnes dont je connaissais le sens critique développé. Toutes m'ont encouragée à les publier avec la quasi-même réaction : c'est ton site perso, Sylviane, c'est donc l'endroit idéal pour illustrer ton parcours ; vas-y, fonce ! C'est d'ailleurs le conseil que je donne à tous mes collègues qui se concoctent une page web.

Sous les feux de la rampe ou dans l'ombre ?

Beaucoup de professionnels de l'aide à la personne, du médecin à l'avocat en passant par les psys, les consultants et les coachs se posent en fait la même question : est-ce que j'exerce mes activités sous mon nom ou sous celui d'une entreprise ? Ce fut le thème de coaching d'une collègue venue en supervision. Allait-elle rester dans l'entreprise de coaching qui l'employait ou allait-elle créer sa propre structure ? La question la taraudait. D'autant que l'entreprise et elle n'avaient pas réellement la même définition du coaching.

Comme on le voit souvent, son entreprise utilisait le terme « coaching », non protégé, pour mieux vendre du conseil ou de la formation, et ma cliente avait beaucoup de mal à lui faire intégrer ce qu'était réellement le coaching.

Nos sessions étaient fascinantes, car ma supervisée oscillait entre les deux options d'une minute à l'autre. Quel dilemme, quel embrouillamini ! En fait, elle était paralysée par la peur de l'échec – j'ai insisté pour qu'elle n'utilise pas ce mot mais elle s'évertuait à le prononcer. Elle était prisonnière de ses croyances, notamment qu'elle ne pouvait pas être seule pour réussir pleinement. Je lui ai demandé : « Qu'est-ce qui fait la véritable différence entre les deux options ? » « Je me sens nue et trop vulnérable sur le marché si je suis seule », a-t-elle répondu. « Et je me sens trop visible. Mon nom, et donc ma réputation personnelle, sont en danger si j'échoue ». Il fallait qu'elle puisse retrouver le déclencheur d'une pareille croyance. Elle s'est alors souvenue de son grand-père qui avait fait faillite et qui, d'une certaine manière, avait ruiné le brillant avenir de son père. Bien que consciente de la toxicité de cette vision, elle restait prisonnière d'une loyauté à sa famille et, en fait, à une sorte de malédiction : elle était convaincue que cela se reproduirait si elle était à la tête de sa propre entreprise.

J'ai posé des questions : « Qu'est-ce que cela t'apporte d'être loyale à ton grand-père ? » et « As-tu absolument besoin de suivre sa trace ? », « Que pourrait-il arriver si tu pouvais prouver le contraire, à savoir une brillante réussite ? » Sa loyauté était très forte et elle était toujours prisonnière de ses convictions. « Ton grand-père vit-il encore aujourd'hui ? »,

« Non. » « Comment peux-tu être sûre de ce qui s'est réellement passé et ne pas t'engluer dans un sentiment d'échec ? »

Elle a alors décidé de parler à son père. Ce faisant, elle a appris la véritable histoire qu'elle m'a racontée la fois suivante. Ce que sa famille appelait « faillite » était en fait une grosse détresse financière. Cela m'a donné l'occasion de recadrer : « Maintenant que tu connais la vraie histoire, penses-tu que le contexte actuel est le même que celui de l'époque ? », « Si tu transposais l'entreprise de ton grand-père aujourd'hui, que ferais-tu pour améliorer les méthodes utilisées ? », « Est-ce que cela pourrait marcher ? » Peu à peu, elle s'est mise à transposer l'histoire de son grand-père dans les circonstances actuelles, ce qui a contribué à une tout autre vision de l'histoire.

Sa décision finale fut qu'elle avait besoin de préparation pour lancer sa propre entreprise. Elle a réalisé un compte à rebours basé sur son objectif de temps, trois ans. Elle avait pris sa décision de se lancer sous son propre nom après une préparation sérieuse et la permission qu'elle s'était donnée d'enfin réussir au nom de sa famille.

La question n'est pas de savoir si vous êtes mis à terre, mais si vous vous relevez. – Vince Lombardi[55]

---

[55] Coach de football américain.

La tentation d'aller plus loin

Un autre client, très amoureux de sa jeune femme, avait décidé de la gâter à tout prix. Il représentait plusieurs sociétés étrangères en Europe et s'était habitué à « rentrer des notes de frais » qu'il attribuait au business mais, qui en fait, portait sur des dépenses personnelles. Ces sociétés lui donnaient l'occasion de voyager vers des destinations exotiques, en se logeant dans des hôtels cinq étoiles, ce qui faisait briller les yeux de sa jeune épouse. L'histoire a duré trois ans avant qu'une des entreprises ne fasse l'objet d'un audit approfondi et que le stratagème ne soit découvert. Il a été contraint de prendre sa « retraite » sans les honneurs dus à sa longue carrière tout en recevant un blâme de sa fédération professionnelle.

En fait, c'est sa femme qui m'a appelée pour convenir d'un rendez-vous car elle était inquiète pour la santé mentale de son mari –, il n'avait plus d'énergie depuis six mois et se sentait plutôt déprimé. Suivant le principe « Pas de demande, pas de coaching », je l'ai remerciée tout en lui précisant que je ne pouvais entamer de parcours de coaching que si la demande provenait du client lui-même, donc de son mari. Il m'a appelée quelques minutes plus tard et m'a expliqué son histoire avec une assez belle authenticité et sans éluder des éléments importants, y compris le blâme. Nous avons convenu d'un rendez-vous dans la semaine. L'élément cocasse est qu'il s'est présenté en compagnie de son épouse. J'étais perplexe. « Qu'est-ce qui vous fait venir avec votre femme ? Préférez-vous un coaching à vous deux pour commencer ? » L'idée lui a plu et sa femme était contente d'avoir la possibilité de rester.

J'ai pris le temps d'expliquer ce qu'est le coaching, les règles d'éthique, et le principe de parité entre nous[56], de non-jugement et de bienveillance. Je leur ai demandé ce qui pourrait être un bon résultat de cette première session de coaching, et ils ont établi qu'ils voulaient retrouver « des moments de joie ensemble à la maison ». C'était un bel objectif.

Je leur ai demandé s'ils seraient prêts à effectuer un exercice que j'appelle « l'entretien croisé » : l'un d'entre eux (ils choisissent l'ordre) expose sa vision des faits et ce qu'il croit que son partenaire pense de la même situation. La difficulté de l'exercice réside dans le fait que l'autre n'a pas la permission de réagir pendant l'entretien et doit rester impassible.

Il peut prendre des notes en sachant qu'il aura la possibilité de corriger les faits si nécessaires après l'exposé. Lorsque le premier entretien est terminé et dûment débriefé, on poursuit avec le second.

Le mari commença. Je lui ai demandé d'expliquer pourquoi il s'était mis à générer ces dépenses excessives et

---

[56] Le principe de parité est une des caractéristiques d'un coaching professionnel : le coach et son client sont au même niveau, en regardant ensemble dans la même direction. Le coach considère que son client connaît déjà sa solution ou a les moyens de la connaître. Il sert d'impulseur, de catalyseur, et son rôle est de poser des questions et de fournir des feedbacks menant à la prise de conscience. Voir l'annexe 1 pour la définition du coaching.

non justifiées. Tandis qu'il en expliquait les raisons, j'ai observé que sa femme devenait de plus en plus nerveuse –, elle se tordait les mains, son regard devenait fuyant. Il expliquait qu'elle avait besoin de luxe et qu'il voulait lui offrir de merveilleux souvenirs ensemble. Or, pendant le débriefing, elle a précisé qu'elle voulait juste l'accompagner pour le soutenir dans ses voyages : « J'ai été élevée dans une famille disposant de peu de moyens financiers. Je n'aurais jamais pensé que j'épouserais un homme comme toi et que je serais autant gâtée. En fait, j'ai juste besoin d'être avec toi. Je ne peux supporter de te savoir à l'étranger, sans soutien ; j'ai peur pour ta santé ».

Quand ce fut à son tour de parler, je lui ai posé la question : « Pensez-vous que vous ayez incité votre mari à penser que vous aimez le luxe ? », « Pas que je sache », a-t-elle répondu. « Seriez-vous fière d'être sa femme même s'il n'avait pas d'argent ? », « Oh oui, il est si brillant, j'aime avoir des conversations avec lui, j'apprends tellement de choses. »

Le mari n'en revenait pas. Il se rendait compte que son ego avait utilisé le pseudo amour du luxe de sa femme comme excuse pour se permettre ces dépenses outrancières. Il avait été pris au piège d'un cercle vicieux : un premier voyage où il avait vu sa femme enthousiaste et heureuse, ce qui l'avait conduit à un second séjour et ainsi de suite.

Il avait pris goût aux hôtels de luxe. Il s'est surtout habitué à se sentir comme un héros aux yeux de son épouse.

Une heure plus tard, ils se regardaient avec une attention nouvelle. « Je vois beaucoup d'amour entre vous deux, c'est merveilleux ! » Leurs sièges s'étaient en effet progressivement rapprochés. À la fin de la séance de coaching, ils étaient prêts à s'embrasser. « Vous êtes vraiment mignons ! » Ils ont ri. « Sentez-vous que la joie peut revenir dans votre maison ? » « Oh oui ! » Le coaching était terminé.

L'humilité est un art

Notre ego mérite le respect, mais pas la suralimentation. C'est cette alchimie qui conduit aux bons comportements. Personne ne prétend que c'est facile : une confiance en soi excessive génère un ego surdimensionné ; une confiance en soi insuffisante nourrit le « corps de souffrance » dont parle Eckhart Tolle[57] et tend à attirer toute l'attention possible.

Se regarder soi-même avec bienveillance et attention alimente l'ego à sa juste valeur. La quête en vaut la peine, en effet.

Soyez prêt chaque matin à être un débutant. – Maître Eckhart

---

[57] Eckhart Tolle, *Nouvelle Terre*, op. cit.

Réflexions d'autocoaching : l'Humilité

Maintenant que vous avez lu ces histoires, je vous invite à réfléchir à votre HUMILITÉ :

- Quelle importance est-ce que je donne à ma quête d'humilité ?
- Dans quelle mesure ma dignité personnelle est-elle bien comprise ?
- Que signifie l'humilité pour moi en termes physiques, dans mon corps et dans mon environnement ?
- Que signifie l'humilité pour moi en termes de vie ?
- Dans quelle mesure est-ce que je respecte mes limites personnelles ?

Plénitude

Le jour où je me suis aimé pour de vrai[58],
j'ai cessé de revivre le passé et de me
préoccuper de l'avenir.
Aujourd'hui, je vis au présent, là où toute la vie
se passe.
Aujourd'hui, je vis une seule journée à la fois, et
ça s'appelle Plénitude.

Mon adorable cousine Martine était au téléphone, ce 3 novembre : « Tu verras qu'aujourd'hui est un jour comme un autre, rien n'est différent entre hier et demain. » Mon soixantième anniversaire : j'avais le sentiment que c'était la fin du monde. Mon mari m'avait quittée à cinquante ans pour une femme plus jeune – il semble qu'en Inde, quand on est censé devenir grand-mère, l'amour devient platonique, et je connais plusieurs amis en Europe et aux États-Unis qui ont vécu la même expérience. Alors qu'abandonner ma féminité n'était pas à l'ordre du jour de mes cinquante ans et plus, ce n'était pas non plus la façon dont j'allais envisager mes soixante ans et plus. No way !

Pourtant, ce jour-là, j'ai eu l'impression qu'une porte se fermait, qu'il fallait absolument que je remodèle ma vie et que je développe une nouvelle vision de ma vie professionnelle

---

58 As I began to love myself, I refused to go on living in the past and worry about the future. Now, I only live for the moment, where EVERYTHING is happening. Today I live each day, day by day, and I call it "FULFILLMENT."

également. D'autant que mon associée, dans l'école de coaching, m'avait offert un kit de jardinage… une façon indirecte de me dire de prendre le large…

Martine avait tout à fait raison. Rien n'avait changé ce 3 novembre sauf, peut-être une nouvelle dizaine à apposer si on me demande mon âge.

Quand j'assiste aux conférences mondiales de l'ICF et de l'EMCC[59], je me sens toute jeunette face à certain(e)s collègues de plus de quatre-vingts ans guilleret(te)s et en pleine forme ! Le coaching et le mentorat n'ont pas de limite d'âge : mieux encore, comme les bons vins, les coachs et les mentors bonifient avec l'expérience.

On n'est jamais trop vieux pour se fixer un autre objectif ou pour rêver d'un nouveau rêve. – Hommage à C.S. Lewis

La vraie différence quand on avance en âge est la gestion de l'énergie. À quarante ans, je pouvais encore abattre un chêne à la tronçonneuse et le trancher en rondins. Je pouvais avoir passé la nuit dans un avion et enseigner toute la journée à l'université.

À présent, mieux vaut compter sur les bras et la force d'un professionnel pour couper un arbre ou pour les tâches lourdes

[59] L'EMCC Global ou European Mentoring & Coaching Council, créée en 1992, est la seconde fédération mondiale de coaching en termes quantitatifs (15 000 membres sur les cinq continents). La moyenne d'âge est plus élevée qu'à l'ICF et les autres métiers, mentoring et supervision, y sont les bienvenus.

dans le jardin. Je suis en totale admiration quand je vois mon fils porter des objets pesants. Pour les voyages, je garde ma vieille astuce qui consiste à adopter l'heure de la destination dès que je monte à bord de l'avion, et mon corps réagit immédiatement. Je voyage toujours avec aisance.

Aujourd'hui, ma puissance et mon pouvoir ont muté : je sens que la force intérieure grandit plus vite, et je sais que ma mission est plus que jamais de transmettre ma pratique. Transmettre ma passion pour le coaching et le mentorat, transmettre mon énergie et mon enthousiasme, et transmettre une autre vision du leadership et du leadership de soi. Et surtout transmettre le besoin d'amour (de soi et des autres) et de respect (pour soi et pour les autres).

Il y a une véritable magie dans l'enthousiasme. Il fait la différence entre la médiocrité et l'accomplissement.
– Normand Vincent Peale[60]

---

[60] Norman Vincent Peale, (1898 – 1993) est un pasteur chrétien et auteur américain.

Oublier le passé, mais se souvenir des leçons

Un collègue m'a dit un jour : « Soit tu passes ta vie en psychothérapie, soit tu décides un jour de tourner la page. » J'avais opté pour la deuxième possibilité. Revoir un psy reste toujours nécessaire quand certaines énergies négatives transmises par les clients deviennent trop prégnantes sur mon moral. Comme je le dis habituellement aux futurs coachs et superviseurs, si l'émotion de votre client pèse sur vos épaules et dans votre cœur bien que vous ayez eu recours à une séance de supervision, cela signifie qu'elle a déclenché quelque chose de plus profond et que cela doit être « lavé » en thérapie si cela influence trop négativement votre moral et votre énergie.

Je fais référence à une analogie amusante pour faire la différence entre le coaching et la thérapie : si les chaussettes blanches de votre client peuvent être lavées à la main, vous restez dans le périmètre de la profession de coach. Si elles nécessitent un blanchissement à la Javel et une lessive à haute température, vous entrez dans le monde de la thérapie. C'est drôle mais clair, n'est-ce pas ?

Aujourd'hui, j'ai appris deux choses importantes. La première est de toujours vivre le moment présent. J'ai de la gratitude envers mon cher chaman Luis Ansa, que je suivais dans les années 90 et qui m'a appris à me débarrasser des pensées négatives. J'ai aussi beaucoup appris avec ma « famille de cœur » au Pérou, qui a cette capacité de sourire à la vie même quand elle est difficile, avec mes nombreux mentors qui restent toujours des modèles de congruence et de vie, et avec Eckhard Tolle et d'autres praticiens de la pleine conscience pour leurs leçons sur le moment présent.

La deuxième chose que j'ai apprise est que je peux faire pleinement confiance à l'Univers. Changez Univers en Dieu, Yahvé, Allah ou Brama si cela correspond davantage à vos croyances ! J'ai découvert la physique quantique et j'ai pu la tester maintes fois. La loi de l'attraction est si puissante et si vraie ! Aujourd'hui, j'ai la conviction que chaque personne placée sur mon chemin – bonne ou moins bonne à mon égard – incarne un messager et a quelque chose à m'apprendre. À moi d'en tirer les leçons ! Je crois aussi que nous sommes ce que nous pensons, et mon meilleur coach dans ce domaine est mon fils, qui ne se lasse pas de me lancer des défis, ce dont je le remercie.

J'attire dans ma vie tout ce à quoi j'accorde mon attention, mon énergie et ma concentration, qu'ils soient positifs ou négatifs. – Michael Losier[61]

---

[61] Michael Losier, né en 1962 au Canada, est un spécialiste de la loi de l'attraction, auteur de plusieurs livres.

Le bonheur est un état d'esprit

J'ai aussi compris que le bonheur est un état d'esprit et se compose d'une succession de petits moments dans la journée : le soleil qui brille à travers les feuilles dans la forêt, une chanson qui nous donne envie de danser, un bon repas, la compagnie de gens sympathiques, un mot d'amour, un baiser d'une personne que l'on aime, un sourire que l'on accorde à une personne rencontrée dans la rue, un exploit, et bien d'autres choses qui vous font vous sentir vivant.

Dans son livre qui est une compilation de dizaines de recherches sur le bonheur, Sonja Lyubomirsky[62] explique quelques principes. Parmi ceux que je préfère : « Mieux vaut dépenser son argent en expériences qu'en choses matérielles ». C'est tellement vrai ! Elle donne plusieurs raisons :

1. La plupart des choses ne changent pas une fois achetées, et on s'y habitue rapidement ;
2. Les expériences peuvent être facilement partagées, anticipées et revécues avec d'autres personnes ;
3. Les expériences sont plus difficiles à comparer que les choses matérielles ;
4. Lorsque nous faisons une mauvaise acquisition, nous le regrettons davantage ;

---

[62] Sonja Lyubomirsky, Qu'est-ce qui nous rend vraiment heureux ?, Les Arènes, 2014.

5. Les choses vieillissent et s'usent avec le temps ; les expériences, au contraire, s'amplifient avec le temps ;
6. Les expériences ne peuvent pas être vendues, elles sont à nous. Nous sommes faits de nos expériences ;
7. Certaines expériences sont des défis, et les efforts que nous déployons pour surmonter les obstacles nous rendent plus heureux ;
8. Les personnes matérialistes sont progressivement insatisfaites de leurs nouveaux biens ; elles en veulent de plus en plus et cela ne leur apporte pas le bonheur ;
9. Il est de loin préférable de dépenser notre argent pour de nombreux petits plaisirs que d'acheter un gros objet coûteux.

C'est tellement vrai. Mes souvenirs sont indélébiles. Des années plus tard, je me souviens avoir escaladé la pyramide de Khéops à Gizeh, en Égypte et un morceau de la Grande Muraille de Chine à Badaling, avoir dormi sur la jetée et mangé des crabes au petit déjeuner à Cherating, en Malaisie, avoir traversé le lac Udaipur au Rajasthan, en Inde, avec mon futur mari, avoir descendu le Bryce Canyon et le Grand Canyon aux États-Unis, avoir marché sur le Camino del Inca au Machu Picchu, au Pérou, traversé un bras de mer en jet ski entre deux îles aux Fidji, où j'ai appris à ne pas tomber si je ne voulais pas être avalée par les requins…

Et je me souviens surtout du jour où j'ai dit bonjour à mon fils nouveau-né à la maternité (« Bonjour toi ! »). Également de certains dîners de Noël lorsque nos amis péruviens nous rendaient visite et qu'on chantait toute la nuit, les concerts improvisés qu'on s'offrait avec toute la famille à Cieneguilla, chacun jouant un instrument de musique de même que certaines fêtes mémorables avec des amis proches, ou plus simplement mes promenades quotidiennes avec Isa, mon berger allemand, ou la récolte des premières courgettes de l'année dans le potager. Ces images sont imprimées de façon indélébile dans ma mémoire et représentent mes joyeux trésors.

J'admets aussi honnêtement que c'était générer plus de bonheur de rêver d'un pays avant même de le visiter. J'ai vécu cela avec l'Afrique du Sud, que je rêvais de visiter depuis que j'avais vingt-trois ans. Le pays est magnifique, bien sûr, et les gens sont merveilleux. Si je dois suivre les principes du bonheur, je devrais être plus heureuse avant le voyage que pendant et après. D'une certaine manière, c'est vrai : les attentes et les rêves créent l'espoir et l'impatience mais l'expérience elle-même est tellement inoubliable !

Capitaliser sur la beauté

L'épanouissement est aussi étroitement lié à la beauté. Un papillon, une fleur, un paysage, une assiette avec un repas finement décoré, une œuvre d'art : nous sommes entourés de beauté. La question est de savoir si nous la voyons ou non.

Dans un embouteillage, regarder des maisons ou des arbres est un soulagement, écouter une belle chanson ou un beau morceau de musique classique, aussi.

J'éprouve de la gratitude envers ma mère qui m'a fait découvrir la beauté. Très tôt, elle m'a emmenée dans des musées, des théâtres et des salles de concert. J'avais seize ans et j'avais déjà visité des pays insolites et hors des sentiers battus comme l'Ouzbékistan ou le Tadjikistan et découvert le merveilleux art islamique. Nous nous étions promenées dans les Cheminées de Fées en Cappadoce, en Turquie. Elle avait besoin d'une compagne de voyage et j'étais heureuse de l'accompagner dans des zones particulières : nous allions rarement dans des lieux à la mode mais plutôt dans des sites culturels de haut niveau. C'est ainsi que j'ai découvert les châteaux de la Loire ou la merveilleuse et symbolique tournée des châteaux de Richard Wagner en Allemagne, Neuschwanstein ou Linderhof en Bavière, par exemple, de même que l'incroyable salle de concert de Bayreuth. Ma mère m'a aussi fait découvrir Pétra en Jordanie puis Alep et les splendides sites archéologiques de Syrie avant qu'ils ne soient détruits... Elle m'a appris à apprécier les belles peintures et les sculptures, et à apprécier l'art de la table et ses bonnes manières. Je la bénis sincèrement et lui suis d'une immense gratitude pour cet héritage.

Plus tard, seule, j'ai continué à rechercher la beauté et à la créer en commençant par ma maison et mon jardin. Le raffinement n'est pas plus onéreux, même quand le budget est limité : j'ai été tellement surprise de voir comment, dans les bidonvilles de Mumbai, en Inde, les gens décorent leur maison ; comment une boîte de conserve devient un pot de fleurs tandis que la fleur provient d'une graine qu'ils ont glanée au fil de leurs pérégrinations citadines ; en Afrique, les gens dessinent sur les murs. La recherche de la beauté est aussi un état d'esprit qui mérite d'être exploré. Elle magnifie la vie.

Tout a sa beauté, mais tout le monde ne la voit pas.
– Confucius

Continuer à être séduit par ce que l'on a déjà

C'est l'un des principes du bouddhisme : continuer à aimer les choses que l'on a déjà et apprivoiser son désir pour d'autres choses. Les psychologues ont découvert que de nombreuses personnes souffrent de ce qu'ils appellent « l'habituation hédoniste ». C'est souvent cela qui les pousse à modifier différentes facettes de leur vie – professionnelle, privée – parce qu'elles s'y habituent trop vite et qu'elles ont besoin de changement. L'herbe du voisin semble plus verte, c'est le principe ; désirer autre chose et c'est un jeu sans fin. Il vient de la capacité humaine à s'adapter à toutes les nouvelles situations en termes de relations, d'emploi, de fortune, de telle sorte que même les changements agréables génèrent progressivement moins de satisfaction globale. Comme le précise Luybomirsky : « Notre tendance à nous habituer à presque tous les éléments positifs qui se produisent dans notre vie est un terrible obstacle à notre bonheur ».

La connaissance vient de l'apprentissage. La sagesse vient de la vie. Anthony Douglas Williams[63]

Observer la nature et ses enseignements

Dans mon prénom Sylviane se trouve la racine « sylva », la forêt. C'est peut-être la raison pour laquelle je me sens si bien dans une forêt et que ma maison est entourée d'arbres. Et, clin d'œil de l'univers, mon compagnon qui adore la nature, les belles promenades et le jardinage, s'appelle Olivier… Le sud de Bruxelles est ceinturé par une magnifique forêt de hêtres, la forêt de Soignes, aujourd'hui protégée par l'UNESCO : les arbres sont comme des cathédrales et atteignent une hauteur de trente à quarante mètres. Des centaines de personnes l'arpentent durant la semaine et davantage encore le week-end, à pied, à vélo ou à cheval.

Sur le comportement de la forêt, mes yeux se sont ouverts grâce à Peter Wohlleben[64], un forestier allemand qui écrit à propos des relations que les arbres entretiennent entre eux. Après avoir lu ce livre, vous ne verrez plus jamais une forêt comme avant. Avec Isa, ma magnifique bergère allemande, nous marchons dans des sentiers en silence, parfois en apercevant un chevreuil, en observant la merveilleuse lumière qui perce la canopée, et surtout en appréciant l'atmosphère de calme des sentiers forestiers ainsi que notre

---

[63] Auteur canadien né en 1953, féru de spiritualité et grand défenseur de la cause animale.

[64] Peter Wohlleben, *La Vie secrète des Arbres*, Les Arènes, 2017.

complicité. Nul besoin d'aller fort loin pour trouver un moment de vrai bonheur.

La nature nous enseigne beaucoup de choses : la renaissance vient toujours après la mort ; c'est le principe des saisons. Nous, les humains, faisons exactement la même chose : en écoutant nos cycles biologiques, nous comprenons que nous avons besoin de repos et de patience. Le soleil se trouve derrière les nuages et revient toujours. C'est une analogie que j'utilise fréquemment dans le cadre de mes coachings lorsque les gens sont sous pression ou proches de l'épuisement professionnel.

Nous pouvons également tirer des leçons du comportement animal. Voyez-vous comment les chiens, les loups, les ours, les lions, les chats, les singes aiment la hiérarchie et l'expression de l'ego ? Franchement, voyez-vous une grande différence entre la vie au sein d'une entreprise et celle d'une meute de loups ou de chiens ? Tout est lié aux mâles et aux femelles alpha. J'ai souvent recours à l'éthologie lorsque j'accompagne des femmes dirigeantes qui rencontrent des difficultés à s'exprimer ou à prendre leur place, par exemple. Nous rions généralement beaucoup.

La nature a toujours raison. Ceux qui n'ont pas intégré ce principe ou qui tentent de la posséder sont en train de ruiner notre planète. La crise du coronavirus nous a fait prendre conscience de notre empreinte écologique. Mieux vaut une visioconférence que des milliers de kilomètres parcourus en avion.

Apprenons aussi à mieux calculer nos achats de nourriture. Pendant quelques mois, j'ai acheté les fameuses « boîtes » contenant deux à trois menus. Le principe est excellent dans ce sens où vous ne recevez qu'un ou deux gousses d'ail et un seul oignon, soit le strict nécessaire pour réaliser la recette sélectionnée. Pas de gaspillage possible car les quantités sont calculées pour offrir qualité et satiété. Le reste peut être composté ou donné aux animaux. J'ai ainsi conservé toute une série de recettes et appris quelques trucs culinaires appréciables.

Apprendre à lâcher prise par rapport à ce qui ne peut être contrôlé

Dans son livre *Nouvelle Terre*[65], Eckhart Tolle définit le concept de « nouvelle terre » comme le lieu de l'acceptation. Une question fondamentale à se poser est : « Qu'est-ce qui est réellement sous notre contrôle ? Pourquoi dépenser autant d'énergie sur des choses que nous ne pouvons pas contrôler ? N'est-il pas plus efficace de concentrer notre force et notre énergie sur des choses que nous pouvons contrôler ? » Beaucoup de personnes et d'entreprises se jugent sur leur capacité à atteindre leurs objectifs, mais elles oublient que, par exemple, l'augmentation d'un chiffre d'affaires n'est pas sous leur contrôle car elles ont besoin de clients et de bonnes conditions de marché pour y parvenir !

---

[65] Eckhart Tolle, *Nouvelle Terre*, op. cit.

Ce qu'elles peuvent contrôler en revanche, c'est la préparation d'une campagne de marketing, la mise à niveau d'un produit, une nouvelle tarification, etc. C'est la même chose pour tous les éléments de notre vie.

Ce principe est magnifiquement illustré par la *Prière de la sérénité* écrite par Rienhold Niebuhr (1892-1971) – la première partie étant également attribuée à l'empereur romain Constantin :

Dieu, accorde-moi la sérénité
d'accepter les choses que je ne peux pas changer,
le courage de changer les choses que je peux ;
et la sagesse de savoir faire la différence.
Vivre un jour à la fois,
profiter d'un moment à la fois ;
accepter les difficultés comme un chemin vers la paix ;
en prenant, comme Lui, ce monde de péchés
comme il est, et non comme je l'aurais voulu ;
confiant qu'Il fera tout ce qu'il faut
si je me rends à Sa volonté ;
que je puisse être raisonnablement heureux dans cette vie et
suprêmement heureux avec lui
pour toujours dans l'avenir.
Amen.

Une vision claire de l'avenir

Sénèque, le philosophe espagnol et stoïcien (1-65 apr. J.-C.), disait qu'il n'y a pas de vent favorable pour le marin qui n'a pas défini son cap. C'est tellement vrai !

Comme je l'ai mentionné, le tournant de ma soixantaine a été un peu dur, mais ce n'est pas seulement mon âge qui a été difficile, c'était aussi la suite d'une histoire d'amour basée sur une série de mensonges qui se terminait en même temps. J'avais tant espéré, comme il l'avait promis à maintes reprises, que ce compagnon rencontré en 2015, resterait avec moi pour le reste de ma vie... Je me suis sentie comme un alpiniste sans corde de sécurité dans une haute montagne quand j'ai découvert qui il était vraiment et quelles étaient ses véritables intentions à mon égard. Il avait menti sur tout : son nom, ses origines, sa profession. Et son intention était de me gruger et de profiter de ma naïveté. Méfiez-vous des rencontres sur internet... Il faut vraiment que l'interlocuteur montre patte blanche.

J'ai dû faire le deuil de cette relation et retrouver mon intégrité avant de pouvoir refaire confiance en l'Univers et, une fois de plus, tester ma foi. Là encore, mon adorable fils n'a cessé de me lancer des défis. « Maman, je ne veux pas te voir décliner. Bats-toi ! Sois toi-même ! Aie confiance en toi ! Sois grande à nouveau ! Sois la mère que j'admire et que je veux intacte pour de nombreuses années encore ! » Quelle déclaration d'amour et surtout quelle foi en moi et quels encouragements ! Il m'aide grandement à préserver ma santé physique et mentale de même que mon bien-être. Merci mon garçon.

Maintenant, je sais que je dispose d'un capital d'années devant moi ; pour le reste, ce n'est pas sous mon contrôle…

Ainsi, mon devoir est de me maintenir en bonne santé et, pour cela, de manger des mets les plus nutritifs possible, de bouger beaucoup et surtout d'avoir des pensées positives. Pour cela, je continue à éliminer le plus de choses négatives autour de moi. Et, pour la petite histoire, en octobre 2019, j'ai signé pour une joint-venture avec une entreprise chinoise pour une durée de trente ans – et rien qu'avec des gens totalement positifs et habitués au succès. Quelle belle synchronicité et quel bel engagement pour l'avenir !

Se débarrasser des pensées négatives

Je connais plusieurs personnes qui ne regardent plus les journaux télévisés. Trop négatifs, trop anxiogènes et tellement peu valorisants : ils n'aident pas à se sentir plus léger et optimiste. La pandémie de 2020 aura été un exemple prégnant : pas une journée sans un comptage des décès, des contaminations, des admissions à l'hôpital et des lits de soins intensifs. C'est bien d'être informé, mais pas en mode répétitif, et encore moins avec l'image et les sons associés : cela crée un ancrage anxiogène qui augmente la peur de l'avenir. Un bon reportage ou un journal de réflexion ne suffit-il pas à une bonne information ?

À l'opposé, la théorie de la psychologie positive[66], développée par Martin Seligman, se focalise sur les aspects positifs de la vie humaine, tels que le bonheur, le bien-être et l'épanouissement. Cette approche met l'accent sur le potentiel humain et se concentre sur la recherche des choses qui font que la vie vaut la peine d'être vécue. La science de la psychologie positive opère à trois niveaux différents : le niveau subjectif, le niveau individuel et le niveau du groupe.

Le niveau subjectif comprend l'étude d'expériences positives telles que la joie, le bien-être, la satisfaction, le contentement, le bonheur, l'optimisme et le flux. Ce niveau vise à se sentir bien, plutôt qu'à faire le bien ou à être une bonne personne.

Au niveau suivant, l'objectif est d'identifier ce qui crée une « bonne vie » et les qualités à développer pour être une « bonne personne », en étudiant les forces et les vertus humaines, la capacité de se projeter vers l'avenir, la capacité d'amour, le courage, la persévérance, le pardon, l'originalité, la sagesse, les compétences interpersonnelles et les talents.

Enfin, au niveau du groupe ou de la communauté, l'accent est mis sur les vertus civiques, la responsabilité sociale, l'éducation, l'altruisme, la civilité, la tolérance, l'éthique du travail, les institutions positives et d'autres facteurs qui contribuent au développement de la citoyenneté et des communautés.

---

[66] Martin Seligman, *La Fabrique du Bonheur, Vivre les bienfaits de la psychologie positive au quotidien*, Interéditions, 2011.

Il n'y a pas vraiment d'éléments nouveaux là-dedans, car ils existent depuis des siècles, mais Seligman a eu le don de les structurer et de fournir des preuves scientifiques pour chacun d'entre eux.

Si vous êtes né dans l'hémisphère sud ou dans une famille joyeuse, il est fort probable que vous ayez été entouré d'énergie positive dès votre conception, avec ce rire solaire, cette bonne humeur continuelle même quand le confort est plus que frugal, avec de la musique et une vie en communauté où l'on se soutient mutuellement. Que du bonheur et de la joie, un superbe bagage que vous avez reçu dès la naissance !

C'est le cas de Julia, une de mes partenaires à la supervision des coachs qui a pu se constituer des bases stables et vraiment solides dans une famille aimante et pleine d'ondes positives. On le voit dans sa façon d'aborder les événements de la vie : elle est sûre d'elle sans s'imposer, elle avance tranquillement et franchit les étapes professionnelles et privées avec détermination et avec une grande aisance. Un scénario de vie positif, en somme.

Pour ma part, et je suis loin d'être la seule dans ce cas, je suis née dans un environnement où l'on pensait plutôt négativement pour les raisons expliquées précédemment, et me débarrasser des pensées négatives a été l'un de mes plus grands défis. Rappelez-vous le secret de ma mère sur ses origines juives par l'intermédiaire de son père.

Selon Nathalie Zajde[67], les enfants des survivants de la Shoah ressentent le chagrin et la culpabilité dans toutes les cellules de leur corps ; c'est un héritage inconscient. Il y a trois générations, deux membres de ma famille, du côté de mon grand-père maternel, ont été tués dans les chambres à gaz d'un camp de concentration. Ma mère n'a jamais divulgué leur histoire, et je l'ai apprise sept ans après sa mort. Est-ce cet horrible héritage qui a contribué à l'engluer dans la pensée négative et la culpabilité ? Ce secret de famille était-il trop lourd à porter ? Je me souviens qu'elle restait très alerte face à l'antisémitisme, qu'elle en avait peur et c'est sans doute pour cela qu'elle n'a jamais divulgué ce fait marquant de notre histoire familiale. Je comprends parfaitement sa volonté de cacher ce fait puisqu'elle a tant souffert d'être cataloguée comme étant la « fille du Juif » pendant son enfance et son adolescence, avant et pendant la guerre. Si j'avais su ! Nous aurions pu en discuter, nous aurions pu leur rendre hommage et restaurer leur mémoire. Peut-être aurions-nous pu tourner la page ensemble, et cela aurait peut-être pu la libérer de ce fardeau et la faire quitter cette culpabilité lancinante...

Aujourd'hui, je préfère rester seule que d'être entourée de personnes négatives dans ma vie privée. Bien sûr, je l'accepte pleinement dans ma vie professionnelle : c'est mon travail de coach et de mentor d'aider les gens à transformer le négatif en positif chaque fois que cela s'avère possible.

---

[67] Nathalie Zajde, *Enfants de survivants : La transmission du traumatisme chez les enfants des juifs*, Odile Jacob, 2005.

Mes meilleurs amis et les personnes avec qui je m'entends dans la vie privée savent qu'une de mes marottes consiste à recadrer le négatif. Je m'amuse à transformer les « Pas de problème » et « Pas de souci » que j'entends régulièrement dans les magasins et les restaurants par des « Avec plaisir », « Avec joie », « Bien volontiers ». Les petits ruisseaux positifs font les grandes rivières positives...

Je fais un effort conscient pour m'entourer de personnes positives et constructives qui croient en moi et m'encouragent à poursuivre mes rêves. – Jack Canfield et Ram Ganglani

Devant le vieux buffle mâle...

Janvier 2018. Ma collègue, d'une humeur massacrante ce jour-là, avait décidé de rester à l'hôtel. Nous profitions de quelques jours de vacances après avoir animé deux ateliers importants à Johannesburg et nous avions décidé de visiter le célèbre parc Krüger, en Afrique du Sud. J'avais deux options : rester avec elle et contribuer à la faire revenir vers une humeur plus positive, ou partir seule pour un nouveau jour de safari. Elle était restée dans l'énergie négative de la veille quand elle avait découvert que notre guide nous avait fait payer le prix fort pour utiliser sa jeep à toit ouvrant alors que nous aurions pu prendre notre voiture de location et visiter le parc de notre côté. Elle s'est sentie flouée et non respectée, et elle était aussi un peu en colère contre moi parce que j'avais insisté pour entrer dans le parc pour la première fois avec un guide. Pire du pire à ses yeux, nous n'avions vu aucun lion ce jour-là car il faisait près de 40 degrés ! Je ne ressentais pas la même frustration pour en avoir vu des dizaines quelques années plus tôt dans le Masai Mara, au Kenya.... D'expérience, je savais également qu'un guide formé est bien plus à même que nous pour détecter les animaux dans les hautes herbes. J'ai donc décidé de prendre notre petite voiture de location et de revisiter le parc. D'après mes observations, je pense bien avoir été la seule touriste étrangère, ce jour-là, à visiter seule cette immense réserve. Je m'y sentais à l'aise, ayant appris à aimer la savane au Congo dans les années 80.

J'étais si fière ! Enfin... plus trop... quand je me suis retrouvée nez à nez avec un vieux buffle sur une petite route étroite... Je savais que les vieux mâles font partie des animaux les plus agressifs et irritables... J'ai donc stoppé le moteur et me suis figée à ma place du conducteur, tout en le fixant dans les yeux avec détermination et calme – merci la respiration méditative. Je n'en menais pourtant par large car la voiture était claire et brillante comme une muleta de torero en pleine corrida...

Quelle belle métaphore de ma vie : appréhender le danger et le risque, analyser les options, choisir et réagir en conséquence. Et surtout rester calme, observer avant de bouger, sans mouvements brusques et sans se mettre en danger inutilement. Être courageux ; et faire face sinon l'Univers nous renvoie le même type de danger tant que nous n'avons pas appris la leçon.

J'ai vu le buffle s'approcher de plus en plus près. J'étais calme et déterminée, je ne bougeais pas d'un iota. Puis il a continué sa route, en passant à moins de deux mètres de la voiture. Il ne s'était strictement rien passé, absolument rien. Dans le rétroviseur, je l'ai vu poursuivre sa promenade bien tranquillement pour aller rejoindre sa compagne qui l'attendait dans le bush. Et j'ai repris la route.

La métaphore est que je suis régulièrement – comme beaucoup d'entre nous – confrontée à de GRANDES peurs et que j'ai tendance à me figer. Après les faits, quand je décompresse, je ris généralement du fait que ma peur était irrationnelle et qu'elle était juste là pour m'avertir de quelque chose.

Quelques kilomètres plus loin, j'ai rencontré un ranger à qui j'ai raconté mon expérience. Je voulais d'abord descendre de la voiture, mais il m'a rappelée que personne n'est autorisé à sortir de sa voiture à l'intérieur du parc, sauf dans certains endroits protégés. Nous avons parlé de fenêtre à fenêtre. Il m'a confirmé que les buffles sont extrêmement dangereux mais qu'ils restent paisibles s'ils ne se sentent pas attaqués. Ma réaction avait été adéquate.

Quatre-vingt-quinze pour cent de nos craintes sont irrationnelles. Les cinq pour cent restants peuvent être transformés en besoins qui doivent être exprimés clairement et ensuite transformés en objectifs et en plan d'action. Ces cinq pour cent peuvent également être réduits en petits morceaux pour devenir réalisables.

Clin d'œil du coach :

Dans l'annexe 5, vous trouverez une méthode pour juguler la peur. Je l'ai appelée CYRANO, comme le bretteur bien connu d'Edmond Rostand. Cyrano n'avait jamais peur, même dans les tranchées devant Arras, en pleine guerre.

Cyrano est un acronyme représentant une méthode en plusieurs étapes qui vous permet de réduire la partie irrationnelle de la peur (environ 95 %) et de transformer les pourcentages restants (donc environ 5 %) en besoins, objectifs et plan d'action.

Belle découverte !

L'homme qui enlève une montagne commence par emporter de petites pierres. – Proverbe chinois

Le coming out : être soi-même… enfin

La plénitude ne peut s'atteindre qu'à la condition d'être soi-même, de s'accepter tel qu'on est vraiment.

PDG d'une grande entreprise, Xavier (nom d'emprunt) cachait soigneusement sa vie privée : aucun témoignage de vacances, aucune information sur sa famille. Un vrai mystère qui alimentait certains ragots dans la société. Il avait parfaitement le droit de rester discret – la vie privée reste privée, bien sûr – mais dans le monde de l'entreprise se trouvent généralement des indices qui trahissent le statut matrimonial et parental. Les gens ont besoin de savoir pour se sentir à l'aise. Xavier restait évasif. Il est arrivé chez moi via mon profil LinkedIn. Son principal objectif était de décider s'il allait garder ou vendre son business et, plus généralement, parler de son avenir. Bien que la confiance et la bulle de complicité se soient d'emblée installées entre nous, les premières conversations avaient été plutôt formelles. Xavier avait opté pour le vouvoiement alors que la plupart de mes clients-cadres me tutoient très rapidement. Il voulait manifestement conserver une certaine distance.

À un moment donné, j'ai eu le sentiment que nous tournions en rond, que nous nous engagions dans une impasse et que je ne pourrais pas l'aider davantage. Je manquais d'information ; une partie de sa personnalité restait dans l'ombre. Je m'en suis ouverte et lui ai demandé : « Comment voulez-vous que je vous pose les questions adéquates et vous aider à déterminer votre chemin si je ne connais qu'une partie de la réalité ? Vous sentez-vous en danger ici ? Que puis-je faire pour que vous vous sentiez à cent pour cent à l'aise avec moi ? »

Je l'ai vu pâlir. Il m'a confié que personne, depuis fort longtemps, n'avait osé lui parler de cette façon. Sur ma lancée, j'ai poursuivi : « Puis-je partager une hypothèse ? », « Oui », « Je suis plus âgée que vous, êtes-vous, très inconsciemment, en train de me plaquer l'image de votre mère sur le visage ? J'ai l'impression qu'elle est dans la pièce, avec nous ? Et avez-vous des difficultés à communiquer avec elle ? » Là, il est devenu écarlate ; je ressentais clairement sa gêne. J'ai ajouté : « Xavier, je suis toute seule ici, avec vous. Personne d'autre n'est là. Quant à moi, je suis une boule d'amour et de bienveillance, un véritable marshmallow tout en restant structurée, bien sûr. Je ne vous jugerai jamais, bien au contraire, je vous encourage à être vous, dans votre beauté d'âme et de cœur. Je suis totalement bienveillante et pleine de compassion et j'accepterai tout ce que vous pourrez me dire. Je vous invite donc à vous détendre et à profiter de cet endroit totalement sécurisé. » Puis j'ai attendu.

Après un assez long silence, Xavier s'est avancé : « C'est très difficile pour moi de me confier car je me sens systématiquement jugé. » J'ai senti que c'était le bon moment de partager l'intuition que j'avais eue au moment même où nous nous étions rencontrés : « Puis-je vous partager mon intuition ? », « Oui, bien sûr. », « Mon petit nez, donc mon intuition, me dit que vous êtes homosexuel et que vous n'osez pas me le dire. Si c'est le cas, vous n'avez rien à craindre de moi, que du contraire. Plusieurs de mes collègues et amis le sont et cela ne fait aucune différence à mes yeux. Vous pouvez me faire confiance, détendez-vous. »

J'avais vu juste ; son cou et ses épaules se sont détendus et un sourire apaisé a pointé sur son visage. Il m'a alors raconté les souffrances et les quolibets qu'il avait dû subir dès son adolescence et la peur qui le taraudait d'être rejeté. Il craignait que cela puisse gravement nuire à l'image de son entreprise. J'ai ressenti beaucoup de compassion ; non pas pour lui car je savais qu'il était un adulte fort et déterminé, mais pour la blessure qui le minait depuis des années. Nous avons pu ensuite parler de son avenir avec authenticité, légèreté et complicité.

Il est de notre devoir, en tant qu'hommes et femmes, de faire comme si les limites de nos capacités n'existaient pas.
– Pierre Teilhard de Chardin

Se rendre, lâcher prise mais ne jamais capituler

J'ai connu des revers de business, notamment quand des associés se sont emparés de mes apports sans culpabilité aucune. La dernière fois que cela s'est passé, après neuf années d'une association pourtant fructueuse, accusant le choc de la séparation, je me suis retrouvée à plusieurs moments prostrée, courbée, enfouie dans mes mots croisés, à arpenter le bois avec mon chien, à rêvasser des temps improbables et à regarder des séries idiotes pour aider mon esprit à s'évader. Durant toute cette période pourtant, j'ai toujours gardé espoir. D'abord, j'ai réitéré ma confiance en ma capacité de rebondissement, ma foi en l'avenir et dans le fait qu'une porte fermée en incite toujours deux ou plus à s'ouvrir.

De fait, là encore, l'univers m'a permis de rebondir : plusieurs clients m'ont confié de belles missions ; j'ai donné des conférences, poursuivi l'écriture du livre que vous tenez entre les mains ; j'ai reçu toute une série de messages d'encouragement et beaucoup de soutien de mes vrais amis et de ma famille, surtout de mon fils, qui n'a jamais hésité à me secouer : « Ne lâche pas, maman. Tu dois tenir ta promesse (d'être en vie quand il aura cinquante ans, cela signifie 90 pour moi !). Pas question que tu capitules ! L'âge ne compte pas, tu le sais. Garde tes capacités mentales à jour, bouge, voyage, fais de nouvelles affaires, amuse-toi. Bats-toi ! Mais surtout, ne te laisse pas aller ! »

J'avais les larmes aux yeux : quelle joie d'avoir un fils avec de telles qualités humaines… que je m'étais donné la permission d'enfanter malgré mes quarante ans ! En plus du fait que l'on fabrique des hormones qui n'auraient normalement jamais été produites à cet âge avancé, la « primipare âgée » (telle que mon gynécologue m'a appelée à la maternité...) conserve un esprit jeune assez tard dans la vie. Confectionner des pâtés de sable sur la plage à 40-45 ans, ça dépote ! Je comprends la joie des grands-parents face à leurs petits-enfants : c'est un réel coup de pouce à l'énergie.

Merci mon fils adoré de m'avoir rappelé un des fondamentaux de la vie.

Aujourd'hui, ni regrets ni amertume. Le temps a fait son œuvre. Je pense à toutes ces années investies dans ces projets avec tendresse et sérénité. Que de belles personnes j'ai rencontrées, que de moments profonds nous avons partagés. C'est tout ce que je retiens. Et puis, je continue à appliquer le premier des Accords toltèques[68], ces accords mis au point par la civilisation toltèque, au Mexique, et qui leur permettaient d'améliorer leur vie en communauté : « Ma parole reste toujours impeccable ». Je peux fournir des faits mais je ne parlerai jamais en mal de quiconque ayant traversé ma route, car en fin de compte, cela aura toujours été un apprentissage de grande valeur.

Je ne rate jamais. Soit je réussis, soit j'apprends.
Nelson Mandela

---

[68] Don Miguel Ruiz, *Les Quatre Accords Toltèques*, Éditions Jouvence, 1999 – vous les trouvez résumés dans l'annexe 3. Vous pouvez en outre les découvrir sur YouTube et ils font également l'objet de jeux de cartes : profitez-en !

Réflexions d'autocoaching : la Plénitude

Maintenant que vous avez lu ces histoires, je vous invite à réfléchir à votre degré de PLÉNITUDE :

- Quels sont les rêves qui me motivent aujourd'hui ?
- Quel est mon degré de satisfaction dans ma vie ? Dans ma carrière ? Avec mes relations ?
- Quelle est ma définition du bonheur ?
- Qu'est-ce qui me passionne ?
- Qu'est-ce qui me comble ?

La sagesse du cœur

**Le jour où je me suis aimé pour de vrai[69],
j'ai compris que mon mental pouvait me tromper et me décevoir. Mais quand je l'ai mis au service de mon cœur, il est devenu un allié très précieux.
Aujourd'hui, j'appelle cette connexion « SAGESSE DU CŒUR ».**

J'aime beaucoup cette strophe du poème de Kim McMillen : c'est tellement vrai ! Le mental a en effet une forte relation avec l'ego qui s'accroche parfois indûment sur les faits pour se nourrir. Le contrer commence par ne plus vouloir à tout prix imposer son opinion aux autres, surtout quand ils n'ont rien demandé.

Le chemin du détachement

Arriver à se détacher des faits anciens ou de moindre importance et des émotions vaines fait partie du chemin. N'avons-nous pas tendance à monter sur nos grands chevaux face à un message déplaisant, à une remarque déplacée ou à une opinion qui nous énerve ?

[69] As I began to love myself, I recognized that my mind can disturb me and it can make me sick. But as I connected it to my heart, my mind became a valuable ally. Today I call this connection "WISDOM OF THE HEART."

Ma magnifique amie Monique L. m'a souvent parlé de sa capacité à tourner la page et à zapper les nouvelles négatives… malgré le fait qu'elle m'appelle régulièrement pour me demander conseil et l'aider à sortir de l'impact émotionnel d'une situation qui ne lui plaît pas – je l'adore ! Une ancienne collègue s'étonnait de ma capacité à « oublier » des paroles ou faits négatifs dont elle avait été témoin. Elle pouvait se souvenir d'une remarque, au mot près, assénée des années auparavant et toujours y rester accrochée. Ce n'est pas mon cas : quand je l'estime salutaire, je ferme les écoutilles aux énergies négatives et me protège d'elles du mieux que je peux, tout en écoutant les leçons du passé le cas échéant. Amnésie qui m'arrange bien ? Stratégie que j'ai développée dans ma tendre enfance (voir le chapitre Authenticité) ? Naïveté que je revendique ? Fraîcheur que je m'accorde ? Et alors ! Tant que cela m'aide à avancer…

Ne pas prendre les choses personnellement

Le truc pour arriver à me détacher ? Toujours ces fameux Accords toltèques[70], ces accords mis au point par la civilisation toltèque, au Mexique, et qui leur permettaient d'améliorer leur vie en communauté.

Le troisième Accord, « Ne prenez rien personnellement » s'avère le plus adéquat en matière de détachement.

---

[70] Don Miguel Ruiz, *Les Quatre Accords Toltèques*, op. cit.

Quelqu'un ne nous dit pas bonjour ? Peut-être a-t-il mal aux pieds ou a-t-il été distrait par autre chose. Ce message est une bombe nucléaire arrivée dans notre boîte courriel ? Notre interlocuteur a sans doute des contraintes que nous ne pouvons pas imaginer et sa colère n'a rien à voir avec nous.

J'accompagne une équipe très sympa d'une boulangerie-pâtisserie de tradition artisanale et j'ai souvent l'occasion de débriefer avec les vendeurs et les vendeuses les remarques parfois ultra-acerbes de certains clients. Or, j'observe que beaucoup de ces remarques déplaisantes proviennent de personnes – souvent des hommes – qui viennent rouler des mécaniques au travers d'assertions désobligeantes souvent formulées à la cantonade.

Lors d'une séance de formation aux outils de communication, nous en avons débriefé une série et après recadrage à la lumière du troisième Accord toltèque, nous avons découvert que, bien souvent, une pseudocolère ou une récrimination provient de la peur de n'être pas parfait ou de ne pas y arriver (à ramener « le dessert idéal » pour un dîner de famille ou à satisfaire une épouse exigeante par exemple).

Appliquer le troisième Accord facilite grandement la vie et permet de recadrer les situations au plus profond de soi-même. Quelle délivrance !

Le pardon, transformer la résignation en ambition

L'apôtre Saint Paul a été le premier, dans sa lettre aux Romains (12, 9-21), à faire cette invitation : « Bénissez ceux qui vous persécutent, souhaitez-leur le bien et non le mal. » C'était tout à fait étrange en ces temps de guerre et de conquête par l'Empire romain...

Il y a quelques années, après que j'ai été blessée moralement par un collègue peu conciliant et très, vraiment très imbu de sa personne, mon ami péruvien Pablo m'a dit : « Bénis cette personne, neutralise sa mauvaise énergie, exprime ta colère mais passe à autre chose, recrée ton présent et ton avenir, ne donne pas trop de pouvoir à cette personne sur toi. » Quel cadeau !

Pouvoir lâcher le ressentiment et le transformer en une opportunité d'apprentissage est une procédure de coaching proposée par Rafael Echeverria, l'auteur de *Ontologia del lenguaje*[71].

Clin d'œil du coach :

Pour transformer un ressentiment (une colère ancienne, par exemple), Rafael Echeverria suggère de le transformer en réaction plus saine basée sur l'acceptation sereine des éléments que nous ne pouvons contrôler. Puis, d'adopter une nouvelle ambition, saine, qui nous aidera à reconstruire l'impression négative liée à cette expérience en un nouvel état d'esprit beaucoup plus positif.

---

[71] Rafael Echeverria, *Ontologia del lenguaje*, Granica, 2018.

Faisons le test : prenons n'importe quelle « affaire classée », ce que les policiers appellent un « cold case », par exemple une colère ancienne que nous ressentons envers quelqu'un qui nous a fait souffrir.

La première étape consiste à isoler les éléments sur lesquels nous n'avons aucun contrôle et à les accepter avec sérénité. Aucun d'entre nous n'a le pouvoir, seul, de changer un pouvoir politique, par exemple, à moins d'être un chef d'État, un député très puissant ou un lobbyiste de premier plan. Et encore… Idem pour le cours du dollar, le taux d'inflation, le rachat de notre entreprise par un raider, l'arrivée d'un boss que nous craignons, la crise du coronavirus, l'impact des changements climatiques, et bien d'autres choses incontrôlables à notre niveau individuel. Comme nous n'avons pas le pouvoir de modifier ce facteur, mieux vaut ne pas y consacrer d'énergie.

La deuxième étape consiste à déterminer les enseignements que nous pouvons tirer de la situation, et à bénir la personne ou l'organisation qui nous l'a amenée. Une excellente technique de coaching consiste à demander au client d'imaginer que la personne qui lui a fait du tort est un consultant très cher, très aguerri et fournissant des recommandations de premier ordre. « Quelles sont les principales conclusions qu'il vous a fournies ? Quels sont les conseils qu'il vous a donnés pour que vous puissiez intégrer la leçon ? Quels sont les cadeaux qu'il vous a offerts ? » Au client d'énumérer un minimum de dix éléments et de sélectionner ceux qui seront les plus fructueux pour le reste de sa carrière.

Il n'est pas rare qu'il trouve avec surprise entre trente et cinquante cadeaux…

Troisième étape, pouvons-nous transformer la situation en nouvelles opportunités ou ambitions ? Puis en objectifs et en plans d'action ?

Dans la quatrième étape, Echeverria transforme les nouvelles ambitions en « miracle merveilleux ». Et si vous regardiez dans le rétroviseur de votre vie et preniez conscience des pas de géants – que l'on appelle les sauts quantiques – que les aléas de la vie vous ont fait franchir ? N'est-ce pas dans les crises que l'on voit les avancées les plus merveilleuses ?

Il aura fallu plus de quarante ans pour que Katalin Karikó (une chercheuse née dans un petit village hongrois, dans une maison en pisé dépourvue d'eau courante et d'électricité, partie faire un doctorat à l'Université de Pennsylvanie, habitant désormais à Philadelphie, et devenue en 2013 vice-présidente de BioNTech) ait pu enfin faire passer ses idées. C'est elle qui s'est obstinée à utiliser la technologie de l'ARN messager dans des vaccins. Durant des années, elle s'est heurtée à une horde de scientifiques lui intimant de renoncer à fouiller dans ce champ d'investigation. Elle n'a jamais obtenu le moindre financement pour ses recherches. Ce sont pourtant ses recherches qui, en 2020, auront été à la base des vaccins de Pfizer-BioNTech et de Moderna. En quelques mois, des fonds gigantesques ont été déployés pour que ces entreprises pharmaceutiques puissent livrer les vaccins anti-Covid le plus rapidement possible.

La méthode d'Echeverria fait économiser beaucoup d'énergie et fournit une vision plus positive de notre parcours et des défis à relever. Bénissez le négatif et souhaitez qu'il se transforme, sinon en positif, du moins en neutre. Nos amis latino-américains et africains y arrivent parfaitement et constituent un exemple magnifique à suivre. Une amie brésilienne m'a dit un jour : « Chez nous, quand nous avons un malheur, nous pleurons un bon coup puis nous tournons la page. Chez vous, vous vous complaisez dans votre malheur. » Bigre... quelle belle leçon !

Bénissez une chose et elle vous bénira. Maudissez-la et elle vous maudira. Si vous bénissez une situation, elle n'a pas le pouvoir de vous blesser : et même si elle vous gêne pendant un certain temps, elle s'effacera progressivement, si vous la bénissez sincèrement[72]. *– Renard*

[72] Bless a thing and it will bless you. Curse it and it will curse you. If you bless a situation, it has no power to hurt you: and even if it is troublesome for a time, it will gradually fade out, if you sincerely bless it.

Le pardon – la technique traditionnelle du Ho'oponopono

Je fais régulièrement appel à l'Ho'oponopono[73], il s'agit d'une technique traditionnelle hawaïenne de résolution des problèmes, basée sur des « mots de nettoyage » : merci, je t'aime, désolé, je te pardonne.

C'est une prière qui nous fait répéter des mots magiques qui nettoieront nos souvenirs. « Les inquiétudes, les peurs, les insécurités, les jugements, les opinions et les croyances ne sont que des erreurs, et la méthode Ho'oponopono nous apprend à les effacer », explique Mabel Katz dans son livre *Mes réflexions sur le Ho'oponopono*.

En fait, 90 % de nos souvenirs viennent de nos ancêtres ; ces souvenirs ont été accumulés pendant d'innombrables vies, transmis de génération en génération. Nous sommes nés avec eux. Nous ferions donc mieux de nous débarrasser de ce qui ne nous est pas nécessaire à l'heure actuelle.

La prière de nettoyage du Ho'oponopono se fonde avant tout sur le pardon. « Je suis désolé, pardonnez-moi pour tout ce qui, en moi, crée ou attire cela. » Le pardon libère d'une énergie négative stagnante qui nous empêche d'aller vers l'avant. À partir du moment où nous avons pardonné, à l'autre et à nous-mêmes, nous sommes devant une nouvellepage blanche que nous pouvons désormais écrire avec spontanéité, légèreté, comme si le compteur était remis à zéro.

---

[73] Mabel Katz, *Mes réflexions sur le Ho'oponopono*, Le Dauphin Blanc, 2016.

Chaque fois que j'ai effectué ce protocole avec un(e) client(e), le départ fut quelque peu laborieux puis la libération s'est imposée de façon visible – corps dénoué, joie nouvelle après, souvent, des pleurs salutaires, énergie nouvelle.

Dire « Merci » permet d'afficher notre confiance en ce qui vient et pour l'ensemble de nos expériences passées. « Merci » ouvre la porte aux options nouvelles, à l'inspiration, à une solution créative et parfois même miraculeuse. Et comme chaque personne ou événement se trouve sur notre chemin avec un message d'apprentissage, nous ne pouvons qu'exprimer notre plus vive gratitude envers l'Univers (ou Dieu, Yahvé, Allah ou Brahma si vous préférez). Une condition cependant : le « Merci » n'est pas dirigé ; il nous invite à lâcher prise car il n'est pas en notre pouvoir de savoir ce qui va nous arriver d'avance. Nous disons « Merci » en toute confiance ; c'est la beauté du geste qui compte.

Quant au « Je t'aime », il permet de bénir les événements négatifs, la douleur et les personnes qui nous ont fait du mal dans le but de les neutraliser. Rappelons-nous que ce à quoi nous résistons persiste. Comme Mabel Katz le précise : « Si vous dites "Je t'aime" à la douleur ou au cancer, c'est une façon de laisser passer, au lieu de résister. La douleur et la maladie peuvent parfois être positives, des bénédictions déguisées. Nous devons cesser de résister et laisser partir ces souvenirs. »

Enfin, dire « Je suis désolé » permet de faire le ménage, de nettoyer notre corps des souvenirs négatifs. Nous le faisons pour être en paix, même si nous souffrons ou avons une maladie grave. Nous disons « Je suis désolé » pour lâcher prise et laisser l'Univers (Dieu, Yahvé, Allah, Brama,...) nous guérir...

Mais n'oublions pas que nous ne le faisons pas pour que la douleur ou la maladie disparaisse ; ce serait avoir des attentes, et avoir des attentes, ce n'est pas lâcher prise.

Clin d'œil du coach :

Prenez quatre petites pierres ou galets et inscrivez un mot par pierre : Pardon, Merci, Désolé, Je t'aime.

Puis trouvez une petite trousse ou un sac en tissu dans lequel vous mettez ces pierres (des sacs tout faits contenant ces pierres se trouvent dans le commerce).

Pour vous-même ou pour une autre personne, faites l'exercice : plongez la main dans le petit sac et sortez les pierres l'une après l'autre.

Pour chacune d'entre elles, écrivez (si vous êtes seul) ou expliquez à l'autre personne ce que le mot représente.

Vous verrez, c'est comme par magie que vous allez retrouver la paix intérieure. Belle découverte !

De Yad Vashem à Auschwitz

Ma pratique du pardon a été testée à de nombreuses reprises dans ma vie. Je lutte parfois encore pour y parvenir, mais je peux vous dire que je ressens vraiment la différence lorsque j'arrive à pardonner. Je le fais quotidiennement pour pouvoir nettoyer rapidement et ne pas laisser quoi que ce soit de négatif ou de préjudiciable à ma vie mentale et émotionnelle prendre trop de pouvoir sur moi.

Je ne peux pas prétendre que cela fonctionne tous les jours. Cela dépend beaucoup de la personne et de son impact sur moi (plus c'est proche, plus c'est difficile, bien sûr). Cela dépend aussi de l'impact de la douleur sur ma vie :

directe ou non, forte ou légère, etc. Vous pouvez me voir ne pas réagir à un fait ; peut-être que je le considère comme n'ayant pas d'impact et que je préfère lâcher prise. Suis-je naïve ou est-ce que je manque de courage ? Je ne le pense pas. Je veux juste me concentrer sur les éléments positifs de ma vie et aller de l'avant.

Ce n'est pas le souvenir de notre passé
qui nous rend sages, mais la responsabilité
de notre avenir. – George Bernard Shaw

Depuis 2016, quand ma cousine m'a appris qu'un frère de mon grand-père et une cousine à ma mère avaient été déportés et exécutés dans un camp de concentration, j'ai visité plusieurs endroits pour essayer de les retrouver. Je me suis d'abord rendue à Yad Vashem, qui est le mémorial de la Shoah à Jérusalem. J'ai passé au crible les milliers de noms qui se trouvaient à la lettre K, sur les six millions de noms qui y sont inscrits. Je ne les ai pas trouvés.

De retour en Belgique, je suis allée à la caserne Dossin à Malines. C'était l'endroit où les nazis, aidés par la police belge, rassemblaient les Juifs belges pour les envoyer vers les camps de concentration en Allemagne au moyen de ces tristement célèbres trains à bestiaux. Là encore, j'ai passé un certain temps à fouiller dans les archives et n'y ai trouvé personne de mon ascendance du côté maternel.

La dernière étape était d'aller immédiatement à Auschwitz. Je m'y suis rendue avec mon filleul Jérémy et un de ses amis – j'étais heureuse qu'ils m'accompagnent, car leur jeunesse (26 ans à l'époque) allait m'aider à prendre de la distance par rapport aux faits. Ainsi, le soir, nous allions visiter la magnifique ville de Cracovie pour changer d'énergie. C'est très dur de se remettre du choc de ce que l'on découvre à Auschwitz et à Birkenau, l'immense camp situé à quinze kilomètres de là – j'en ai fait des cauchemars pendant des mois.

Là également, plus aucune trace de mes ancêtres.

Voilà où j'en suis aujourd'hui, et je continue à enquêter à travers les généalogies et les réseaux.

Quoi que l'avenir m'apporte, ce n'est pas grave : l'écrire dans ce livre est ma façon à moi de leur rendre hommage pour qu'ils ne meurent pas deux fois. Je suis allée sur leur probables traces à Auschwitz, en supposant que c'était là qu'ils avaient été déportés. J'ai évidemment pardonné à ma mère d'avoir conservé ce secret de famille. Pourquoi m'en faire quand ce n'est pas sous mon contrôle ? Je suis en paix. J'ai surtout pardonné le fait que ces tristes circonstances et la peur et la culpabilité qui les ont accompagnées ont eu un impact considérable sur la vie de ma mère et sur sa façon de voir la vie, donc sur mon éducation. Ni cette peur ni cette culpabilité n'appartiennent à ma génération. Nous sommes maintenant quatre-vingts ans plus tard. Bien que nous devions garder le souvenir de ce qui s'est passé et éviter toute velléité d'organiser une autre Shoah, je considère que ma génération n'est pas responsable de ce passé, et les suivantes le sont encore moins.

C'est la même chose pour les Allemands et les nazis : nous devons faire la différence entre les deux. Je ne peux comparer la politique de ce grand pays porteur du projet européen aux massacres perpétrés par les nazis au cours de la dernière guerre mondiale. J'ai rendu hommage à mes ancêtres et je les respecte profondément. Mais aujourd'hui, je me libère de cette malédiction et vais de l'avant.

La sagesse est une connaissance qui est guidée par la compréhension ; nous devons avoir la sagesse et les connaissances nécessaires pour comprendre pourquoi certaines choses se produisent dans notre vie et avoir confiance que Dieu nous guidera au-delà de tout obstacle qui se présentera sur notre chemin. – Anonyme

Jacques Brel, le voisin de mon père

Je comprends aussi pourquoi certains membres de ma famille préfèrent favoriser le côté de mon père et les ancêtres italiens. Mon grand-père, Ernesto Cannio, était un compositeur célèbre en Italie et s'est installé en Belgique avant la guerre pour y diriger l'Orchestre national. Son épouse était originaire de Grenoble. Fait important, il a été le premier professeur de piano de Jacques Brel qui vivait dans la même maison, à Schaerbeek, une des dix-neuf communes de Bruxelles. Fieffé coquin, charmeur et taquin, le Grand Jacques prenait un malin plaisir à venir titiller mon père pendant ses leçons de piano…

La joie, la bienveillance, la spontanéité, la bonne table et les rires étaient l'apanage du côté paternel. Les moyens financiers étaient plus limités que dans la famille de ma mère, mais la musique et la vision très positive de la vie y accompagnaient les journées.

Cela ne signifie pas qu'ils n'avaient pas eu leur dose de souffrance ; ils avaient aussi beaucoup souffert de la guerre. Josée, ma chère marraine et sœur de mon père avait été la « marraine de guerre » d'un militaire emprisonné dans un camp de travail en Pologne. Après la guerre, ils s'étaient rencontrés et mariés ! Mon oncle Jean avait d'ailleurs été élu président de l'Association des prisonniers de guerre dans les années 90. De plus, ils avaient connu le pire malheur qu'un être humain puisse subir, la perte de leur fils aîné à trente ans, victime d'une crise cardiaque...

Je ne suis jamais seule

Trois de mes grands-parents vivant hors de leur pays d'origine, je comprends mieux pourquoi je me sens chez moi dans de nombreux endroits du monde. Pendant des années, j'ai adoré voyager seule, moyen magnifique pour effectuer des rencontres intéressantes et débuter des amitiés profondes et pérennes. C'est aussi la raison pour laquelle j'ai des amis dans tant de pays du monde. Mon fils a hérité de ma bougeotte : à 25 ans, il avait déjà voyagé sur les cinq continents.

Une citation d'une source anonyme dit : « Ceux qui aiment la solitude sont ceux qui ont payé un prix élevé à la mauvaise compagnie ». Je préfère de loin voyager seule plutôt que tolérer une personne de mauvaise humeur ou très égoïste. Mais aujourd'hui, je préfère m'entourer d'une compagnie enthousiaste et partageuse qui rend les déplacements plus savoureux encore. D'ailleurs, je me suis trouvé un compagnon qui a vécu en Angleterre et aux Etats-Unis et qui a voyagé dans un nombre incroyable de pays. Je suis donc entourée de deux grands globe-trotters.

En fait, je ne suis jamais seule, que ce soit à la maison ou en voyage. Mes ancêtres m'accompagnent ainsi que mes anges gardiens. Je crois qu'il existe une énergie supérieure qui nous protège et nous amène à faire les bonnes expériences afin que nous puissions grandir et nous développer. Appelez ça comme vous voulez : Énergie, Univers, Dieu.

Après tous ces voyages, je me rends compte que le plus périlleux est le voyage interne. Se découvrir soi-même est une exploration sans fin ; et ce n'est pas la destination qui compte, mais le voyage lui-même. Rappelez-vous la conclusion de *L'Alchimiste*[74], merveilleux livre de Paulo Coelho....

La foi nous donne force et réconfort et nous laisse baigner dans la sagesse que nous ne sommes jamais seuls. – Debbie Ford

[74] Paulo Coelho, *L'Alchimiste*, J'ai lu, 2021.

Rencontre avec Raphaël, le peintre, l'archange

En 1984, j'avais visité le musée Dahlem à Berlin. Il était situé du côté est, donc dans l'Allemagne de l'Est (RDA) à l'époque, et nous devions passer par le célèbre « Checkpoint Charlie » pour y parvenir. Sa collection de peintures de la Renaissance italienne était phénoménale, notamment celles de Raphaël et Botticelli. Je me souviens être restée sous le charme d'un tableau de Raphaël, la *Vierge à l'enfant*. Il était profondément gravé dans ma mémoire. Le bleu du manteau de la Vierge était extraordinaire. J'avais vu le même bleu porté par Marie à la galerie des Offices à Florence, mais celui de Berlin était vraiment exceptionnel.

En avril 2019, j'ai pu revisiter Berlin et constater toutes les constructions réalisées après l'abattage du mur en 1989. Incroyable, cette ville est un immense chantier !

L'homme qui ne croit pas aux miracles
est certain de ne jamais y participer.
– William Blake[75]

Je me demandais si j'allais pouvoir retrouver « mon Raphaël ». En fait, les collections, côté est et ouest, ont été fusionnées, et un nouveau musée, ultramoderne et magnifique, a été érigé. J'ai pénétré dans ce musée à haute technologie (les œuvres sont souvent éclairées par la lumière

[75] William Blake (1757 – 1827), est un artiste peintre, graveur et poète pré-romantique britannique.

du jour), espérant vivement que « mon » tableau s'y trouverait. Et je l'ai retrouvé ! Plus de trente-cinq ans après la première rencontre. Je suis restée scotchée un bon moment devant ce tableau si merveilleux et surtout si symbolique. J'avais le sentiment qu'un cercle se refermait.

Durant l'été 2019, j'ai participé à un atelier de géobiologie. L'un des exercices de « clair ressenti » consistait à expérimenter le ressenti de notre aura – l'énergie qui entoure notre corps – et, éventuellement, de notre ange gardien, après avoir reçu un protocole pour l'appeler. J'avais besoin de l'aide de l'instructeur pour atteindre le mien. Après un peu d'exploration, j'ai enfin découvert son nom : Raphaël, pardi ! En une seconde, j'ai compris pourquoi j'avais été si fascinée par les peintures de Berlin et de Florence. Une fois de plus, la vie m'avait prouvé qu'il n'y a pas de coïncidences, seulement des synchronicités.

En préparant ce chapitre, il y a deux jours, je regardais le livre *Anges 101*[76] dans la bibliothèque de mon bureau et j'ai vu qu'il y avait un signet sur une page donnée. Je l'ai ouvert, et devinez sur quel ange, ou plutôt sur quel archange, il se trouvait ? Raphaël, encore une fois...

Mon mental me disait de ne pas croire à ces « histoires de fous » ; c'est donc mon cœur qui m'a amenée à accepter ce clin d'œil de l'Univers. Pour ceux qui y croient, si vous activez votre chakra spirituel numéro 8, situé au-dessus de votre tête,

---

[76] Doreen Virtue, *Anges 101*, D.G. Diffusion, 2007.

vous avez plus de chances de contourner votre mental et de pouvoir vous connecter directement au monde éthérique. Intéressant, n'est-ce pas ?

Devenez un possibilitaire. Peu importe si les choses semblent être sombres ou le sont réellement, levez les yeux et voyez les possibilités... voyez-les toujours... car elles sont toujours là.
– Le normand Vincent Peale

Les prisonniers du Polisario

Il y a des synchronicités qui sont plus tristes, cependant. Sont encore gravées dans ma mémoire les paroles de ces prisonniers politiques à Tindouf, au Sahara, dans le grand Sud de l'Algérie. Je réalisais un reportage sur le Polisario et la guerre pour les territoires du Sahara occidental, aujourd'hui annexés par le Maroc. Nous étions en 1986 et le roi Hassan II n'avait pas reconnu l'existence du Polisario ni, par conséquent, l'existence de prisonniers potentiels détenus par ce dernier.

J'avais visité le « Mur » du côté marocain et fait un rapport sur les conditions de vie des militaires autour de Laâyoune et de Dakhla. Dès que l'article avait été publié dans mon magazine (*Nord-Sud*), j'avais été contactée par le représentant du Polisario à Bruxelles qui m'avait posé une question très directe : « Êtes-vous une journaliste neutre, mademoiselle Cannio ? », « Évidemment », avais-je répondu. « Vous devez donc venir de notre côté du conflit. » « Oui, je le ferai. Est-ce que cette fin de mois vous convient ? »

Vivre plusieurs jours dans le camp du Polisario, avec les femmes, sans eau, juste assez pour boire et avec le volume d'un verre d'eau pour se laver : c'était mon expérience en plus du côté reportage de ma mission. J'ai interviewé le président et il m'a proposé de rendre visite à quelques prisonniers. J'ai accepté.

Ce jour-là, je me suis retrouvée face à un groupe d'une trentaine de prisonniers militaires marocains. Certains semblaient âgés, mais ils ne l'étaient pas. Leurs visages étaient burinés par le soleil et leurs conditions de vie dans le désert étaient épouvantables. J'ai demandé au gardien si je pouvais leur parler seule à seuls. Il a accepté en me laissant une dizaine de minutes avec eux. Le gardien parti, ils m'ont entourée et m'ont suppliée : « S'il vous plaît, madame, parlez de nous. Personne ne veut reconnaître notre existence. Je suis père d'un garçon de sept ans que je n'ai jamais rencontré. S'il vous plaît, faites savoir au monde que nous existons ». J'étais dévastée.

De retour à Bruxelles, j'ai écrit mon article et affiché la plus grande photo possible dans le magazine pour que les lecteurs puissent, peut-être, reconnaître une personne, ou du moins, transmettre le magazine à certaines familles... C'était juste un espoir...

Je ne pouvais rien faire de plus à l'époque. Les réseaux sociaux n'existaient pas. J'étais limitée à ce qui pouvait être imprimé dans le magazine. À vingt-neuf ans, j'avais été très impressionnée par les histoires de ces hommes et j'étais vraiment triste pour eux. J'ai fait de mon mieux, juste une gouttelette dans l'océan, mais avec tout mon cœur et toute ma compassion.

Ne demandez pas ce dont le monde a besoin. Demandez ce qui vous fait vivre et allez le faire. Parce que ce dont le monde a besoin, ce sont des gens qui sont devenus vivants. – Howard Thurman[77]

En fin de compte, nous sommes tous les mêmes

Cette histoire le confirme : quelles que soient nos conditions de vie, où que nous vivions, nous sommes tous les mêmes. Ma vie professionnelle continue de me conduire dans de nombreux pays et je constate que les gens sont tous animés par leur volonté d'être heureux et d'apporter le bonheur à leur famille.

Par le coaching et le mentorat, les gens s'efforcent d'atteindre leur bien-être professionnel et privé. Ils aspirent à une vie meilleure, alignés sur leurs propres valeurs. En novembre 2019, j'ai été invitée par le président du chapitre chinois de l'EMCC à donner une conférence à Shanghai. Les organisateurs pouvaient choisir entre plusieurs thèmes comme le mentorat, le coaching, etc. Leur choix final s'est porté sur les « Deuils et transitions de la vie », une conférence que j'adore donner et qui se fonde sur le modèle des Evolution Loops dont je vous ai parlé plus avant. Comme nous,

---

[77] Howard Thurman, (1899 – 1981) est un auteur, philosophe, théologien, pasteur, professeur d'université et un des leaders du mouvement américain des droits civiques.

les Chinois souhaitaient aborder un sujet plus profond, les touchant personnellement, et se connecter à leurs émotions.

De nombreuses femmes, entre trente-cinq et quarante-cinq ans, veulent désespérément fonder une famille. En Europe et aux États-Unis, c'est la quête de la réussite professionnelle qui les a fait « oublier » leur vie personnelle. Et c'est à l'atteinte de cet âge biologiquement avancé qu'elles se mettent à regretter de n'avoir ni mari ni enfant. En Russie, non seulement elles doivent gagner le plus d'argent possible car les prêts hypothécaires sont inabordables, mais elles doivent encore se battre pour trouver leur partenaire. En effet, la pyramide des âges montre clairement qu'il y a moins d'hommes que de femmes en âge de se marier. Peu d'informations filtrent à ce propos mais, comme me l'ont soufflé des collègues russes, leurs compatriotes semblent avoir payé un très lourd tribut lors des guerres en Afghanistan, en Tchétchénie, en Ukraine…

Quant aux hommes, que de clients regrettent de ne pas avoir une meilleure intelligence émotionnelle et de meilleures compétences en matière de communication ! Tant d'entre eux se battent pour leurs valeurs dans un environnement peu convivial. Et combien sont sincèrement prêts à partager les tâches ménagères, à éduquer et à jouer avec les enfants, mais parviennent difficilement à libérer leur temps ? Heureusement que les mentalités sont en train de changer !

En fin de compte, les hommes et les femmes aspirent tout simplement à ce que leurs enfants aient la vie la plus belle possible et puissent disposer d'un logement de qualité, soient en bonne santé. Ils souhaitent rester en phase avec leurs valeurs et s'ils veulent être performants, c'est en garantissant leur bien-être et leur bonheur.

Aujourd'hui, le changement est mondial. Le moteur vient des jeunes générations, et les milléniaux en sont un bon exemple : ils aspirent à une vie heureuse et saine, plus respectueuse de l'environnement, et dotée d'un sens véritable. Du Japon, qui a abandonné la carrière à vie au sein de la même entreprise, au monde occidental, qui a souffert des différentes crises financières, de la pandémie, de la guerre à ses confins, les jeunes générations ont vu leurs parents souffrir de chômage, d'épuisement professionnel et parfois même de dépression. Ils rejettent ce modèle de vie. Et ils hurlent leur indignation face au peu de détermination et de courage des élites à œuvrer à la protection de l'environnement alors qu'il est clair à présent que leurs petits-enfants, voire leurs propres enfants, auront à souffrir d'une planète inondée ou en incommensurable sécheresse, avec des étés systématiquement caniculaires et de nombreux autres aléas qui auraient pu être évités si la volonté politique et économique avait été présente au bon moment…

Tant d'hommes et de femmes ont passé leur vie en quête de perfection, érodant leur énergie dans des tâches inutiles, acceptant de se laisser piéger dans le cercle vicieux de la fidélité à certains modèles : parental, sociétal, etc.

Tant de personnes traversent leurs deuils avec des larmes, de la colère et beaucoup de souffrance. Ce peut être pour un être cher, un animal de compagnie, un travail, une illusion perdue, une capacité disparue avec l'âge, etc. Partout sur la planète, les gens vivent les mêmes chagrins. Je ne vois aucune différence entre un Américain, un Péruvien, un Chinois et un

Russe, aucune différence entre le nord et le sud en termes d'émotions. Les seules différences sont d'ordre culturel et spirituel. Au Japon, en Chine, en Inde, en Europe du Nord, les personnes contiennent davantage leurs émotions ; tandis qu'en Afrique, en Europe du Sud, en Amérique centrale et latine, elles sont vécues de manière plus expressive. De même, la religion ou la philosophie de vie confèrent foi en l'avenir, un lâcher-prise voire un fatalisme à ceux qui croient en un Être Supérieur guidant leur destinée, tandis que ceux qui ne croient en rien pâtissent d'une grande solitude et d'un manque de repères.

La compassion s'étend au-delà des frontières. Tant le Dalaï-Lama que Mathieu Ricard, son traducteur français, ou d'autres personnes très spirituelles, tiennent le même discours : nous sommes les mêmes, êtres humains, à travers la planète. Nous voulons simplement aimer, respecter et être respectés, entendre et être entendus, comprendre et être compris, aimer et être aimés... Et tous, je dis bien tous, veulent vraiment écouter leur cœur.

En vieillissant, vous découvrirez que vous
avez deux mains : l'une pour vous aider
vous-même, l'autre pour aider les autres.
– Maya Angelou [78]

---

[78] Maya Angelou, activiste et écrivaine américaine.

Réflexions sur l'autocoaching : Sagesse du cœur

Maintenant que vous avez lu ces histoires, je vous invite à réfléchir à votre SAGESSE DU CŒUR :

- Comment puis-je m'éveiller à la sagesse de mon cœur ?
- Comment puis-je bien écouter la sagesse de mon cœur ?
- Dans quelle mesure puis-je faire confiance à la sagesse de mon cœur ?
- De quoi suis-je reconnaissant dans ma vie ?
- Qu'est-ce qui m'importe le plus ?

C'est la vie

Nous n'avons plus à craindre les disputes[79], les confrontations ou tout autre type de problème avec nous-mêmes ou avec les autres.
Même les étoiles se heurtent, et de leur collision naissent de nouveaux mondes.
Aujourd'hui, je sais que C'EST LA « VIE » !

Ce livre aurait dû être publié au printemps 2020 mais la crise du coronavirus et la guerre en Ukraine sont passées par là. Si cela avait été le cas, il n'aurait pas réellement reflété la réalité d'aujourd'hui et n'aurait pas tenu compte des derniers développements générés par ces crises qui ont changé la donne.

Avec le recul, il est possible d'apporter beaucoup de relativité.

En fait, amis lecteurs, le fait que nous tenions ce livre entre nos mains prouve que nous sommes en vie et, je l'espère, en bonne santé ; que nous sommes libres de choisir nos lectures et de nous informer. Nous ne vivons pas dans une zone de guerre ou dans une région de dictature ou de famine.

---

[79] We no longer need to fear arguments, confrontations, or any kind of problems with ourselves or others. Even stars collide, and out of their crashing new worlds are born. Today I know THAT IS "LIFE!"

Ces dernières années auront été témoins d'une nouvelle transition de vie en ce qui me concerne, tant du côté professionnel que personnel. Aujourd'hui, je suis en paix avec mon corps et recherche simplement à me maintenir en santé. Je sais parfaitement que je ne serai jamais mince et j'admire les mannequins comme Ashley Graham qui sont fiers de leur corps même s'il est légèrement ou fortement en surpoids. Et j'ai une gratitude infinie quand ceux que j'appelle « mes adorables garçons » – mon fils Jason et mon filleul Jérémy – me rappellent avec l'humour qui les caractérise : « On s'en fiche de tes cuisses, c'est TOI qui comptes. »

Cependant, bien que j'aie encore beaucoup de travail – mais dans une énergie totalement positive et constructive, ce qui le rend léger – je prends davantage de temps pour moi. Quand ma belle bergère allemande était encore là, j'appréciais tout particulièrement notre « passeggiata », la promenade nocturne d'après dîner. Surtout l'hiver où nous nous retrouvions seules dans les avenues avoisinantes, hors de la circulation et avec le seul bruit de nos foulées respectives. A présent qu'Isa s'en est allée dans le grand paradis blanc, je voyage davantage et profite de merveilleux moments avec ma famille et mes (vrais) amis.

Je fais aussi beaucoup plus attention à la nourriture que j'absorbe, en privilégiant les éléments nutritionnels et en savourant le plaisir de manger un biscuit ou un morceau de chocolat. Je ne me sens pas coupable, j'en apprécie simplement le goût tout en mangeant le plus lentement possible.

Le grand changement s'est produit il y a deux ans, lorsque j'ai décidé, une fois pour toutes, que je ne pouvais pas renier mon corps et que malgré quelques imperfections, je me voyais vraiment comme une belle femme.

Autre apprentissage majeur : la foi dans l'avenir. Depuis des années, j'ai compris que les questions matérielles ne sont jamais la fin du monde. « Ce qui ne nous tue pas nous rend plus fort », dit la devise. Cela a encore été prouvé lors de ma transition professionnelle des deux dernières années et avec la pandémie. J'ai constaté une fois de plus que fermer une porte m'a permis d'en ouvrir au moins deux nouvelles et que mon bon vieux principe de diversification est salutaire.

Après des années d'association, je suis arrivée à la conclusion qu'être à deux dans une entreprise, et sans liens familiaux, peut bloquer le développement de l'autre. L'atmosphère de travail peut être très émotionnelle et les décisions sont souvent prises sans trace écrite, ce qui peut créer des malentendus. J'ai également remarqué que, quelle que soit l'entreprise, les intérêts personnels et familiaux sont toujours plus forts que les liens amicaux ou professionnels. C'est bien normal, en somme.

Depuis l'âge de 25 ans, j'avais construit ma vie professionnelle sur l'illusion que je pourrais mélanger amitié et affaires. Après plusieurs associations, je me suis rendu compte de l'aspect fallacieux de cette croyance : seules les entreprises familiales ou gérées sans émotion tiennent vraiment la route, les amitiés s'effilochent et se ternissent lorsque des questions d'argent ou d'ego entrent en jeu.

Aujourd'hui, je me concentre sur des projets internationaux et avec des partenariats où interviennent plusieurs personnes de compétences complémentaires, sans attaches émotionnelles. Quant à la crise sanitaire, elle a permis le développement des visioconférences, un gain de temps considérable et une meilleure empreinte écologique pour tous ceux qui travaillent à l'international.

Je n'ai aucun ressentiment, aucun regret par rapport au passé. Aujourd'hui, je sais qu'une entreprise doit être construite sur une vision claire, sur une intention claire, le « Why » (le « Pourquoi »), sur des valeurs communes et sur des processus rigoureux. Une entreprise peut bien sûr être le berceau d'émotions fortes et être basée sur des valeurs du cœur, mais celles-ci ne peuvent remplacer les processus, les budgets, les plans d'affaires et les documents écrits.

Une entreprise doit être agile, flexible et surtout fondée sur une structure la plus légère possible. Après tant d'années de gestion d'entreprise, je privilégie toujours le travail avec des indépendants loyaux quand l'entreprise est petite. Cela permet de flexibiliser les coûts et de pouvoir s'adapter aux fluctuations de chiffre d'affaires.

Le bonheur est un état d'esprit

Deux loups marchent avec nous sur notre parcours de vie. Le loup blanc est joyeux, positif, léger, il profite de la vie, accueille tout événement comme une occasion d'apprendre, il croit en un avenir brillant ainsi qu'en sa capacité à être heureux. De son côté, le loup noir est plein de ressentiment, se focalise sur les mauvaises nouvelles et le côté sombre de la vie, crie, hurle, est agressif et parfois violent, et surtout n'engrange pas les apprentissages de façon positive ; ses perspectives sont sombres et il est surtout pessimiste.

La question est la suivante : quel est le loup que nous voulons voir grandir ? La réponse est simple : ce sera celui que nous continuons à nourrir. En précisant qu'il ne sert à rien non plus d'affamer le loup noir car celui-ci deviendrait très agressif. Juste quelques os ou croquettes.... Et rien de plus !

Fin 2019, j'ai rejoint une classe de marketing digital et, lors d'un séminaire de trois jours à Malte, j'ai réalisé que j'étais la plus âgée du groupe de quarante personnes ! Mon objectif était d'apprendre de nouvelles techniques de communication basées sur les réseaux sociaux. Mes formateurs et mentors avaient environ 27 ans. Même très jeunes, ils démontraient une réelle confiance en eux, une capacité à créer de la valeur, à servir leurs clients, une volonté d'apporter un véritable amour en se basant sur les pensées et un état d'esprit 100 % positif. « Tout est une question d'état d'esprit, de mindset », s'amusaient-ils à répéter et cela a eu une merveilleuse influence sur mon évolution professionnelle.

Ils m'ont appris que la « procrastination », le fait de remettre ses projets et actions à plus tard, prouve que ceux-ci ne sont pas conformes à nos valeurs. Qu'il est aisé de changer d'état d'esprit, de mindset, en quelques secondes (voir encadré), et que ce mindset positif contribue à la confiance en soi en créant un cercle vertueux.

Clin d'œil du coach :

Changer d'état d'esprit, de « mindset » ne prend que quelques secondes en suivant ce petit protocole :

L'intention, le focus : je choisis mon projet et j'y porte mon attention (j'y consacre mon temps et mon énergie)

La posture : je redresse mon corps, regarde vers le haut, je bouge mon corps, en musique ou non, je prends soin de moi

Le langage : j'adopte des mots positifs, des mots qui portent – go ! vas-y ! fonce ! crois en toi !

J'ai définitivement tourné la page

Le 2 novembre 2019, je me suis retrouvée dans le lobby du splendide hôtel Peninsula de Shanghai, très exactement 38 ans après avoir logé dans celui de Hong Kong. J'avais découvert l'hôtel en me promenant le long du célèbre Bund de Shanghai, juste après avoir donné la conférence pour l'EMCC dans un des hôtels du centre-ville.

Je me suis attablée près de l'orchestre de chambre qui agrémentait le tea-time. Le moment était plus que symbolique. Trente-huit ans plus tôt, j'avais été en compagnie de PH, cet associé véreux qui allait me laisser tomber en pleine tourmente financière (voir le chapitre Authenticité). Cette année 2019, je venais de signer la constitution de la nouvelle joint-venture chinoise et me trouvais dans un tout autre esprit. Je n'avais plus rien à *me* prouver ; j'étais en paix avec moi-même.

Symboliquement, j'ai refermé la page de ce long chapitre de 38 ans : j'ai payé, c'est bon, je peux aller de l'avant en retenant les leçons du passé. Quel bonheur !

La reconnaissance commence par soi-même

Aujourd'hui, je sais que la reconnaissance commence par soi-même. Si nous attendons que quelqu'un le fasse, nous restons toujours frustrés car nos attentes ne seront jamais pleinement satisfaites. Le défi est de parvenir à échanger nos attentes contre de la gratitude véritable. La vie est complètement différente lorsque nous intégrons ce principe.

Et j'ai également décidé de m'en tenir à ma valeur de confiance : je continuerai à oser m'attacher même si j'ai été déçue dans ma vie privée et professionnelle. Cela n'a pas d'importance tant que j'aime rencontrer de nouvelles personnes. Je crois vraiment en ma capacité à faire confiance et je respecte plus que jamais le cinquième Accord toltèque : « Toujours rester sceptique », donc ne pas avaler la vérité comme étant « la » vérité.

La vie est bien plus facile quand il n'y a pas de concurrence avec son ego, pas de regrets, pas de ressentiments, pas de pensées négatives : nous pouvons nous faire confiance et croire en notre capacité à reconnaître les messagers envoyés par l'Univers.

De toute façon, ce sont eux qui nous choisissent…

Ma Vie a un Sens

Lors de la journée mondiale sur le Mentorat organisée fin octobre 2021 par l'EMCC, Pascale Schächtel, représentant la société Google, a partagé le succès d'une opération lancée en 2016 et appelée « #IAmRemarkable » (Je suis remarquable). Cette initiative invite les personnes faisant partie de ce l'on appelle les « minorités » à se présenter avec fierté sur les réseaux sociaux. On y retrouve les femmes (eh oui, elles sont encore une minorité dans le monde des affaires à visibilité importante), les minorités ethniques, les handicapés et j'en passe. Une magnifique initiative.

Durant la conférence, plusieurs témoignages filmés ont été présentés. L'un d'entre eux m'a littéralement bouleversée – la jeune femme affirmait haut et fort : « My life has a meaning » (« Ma vie a un sens »). J'en ai eu la chair de poule et le souffle coupé car je me suis retrouvée en totale résonance avec cette petite phrase. Oui, ma vie a un sens. Elle en a toujours eu depuis mon plus jeune âge mais je n'en étais pas consciente.

Notre vie à tous a un sens. Mais l'avons-nous vraiment trouvé ? Savons-nous réellement comment nos actions s'inscrivent dans un tout cohérent qui, littéralement, donne de la consistance à notre chemin de vie ? Le « why », la finalité, le « pour quoi » nous avançons dans notre vie ?

Et vous, cher lecteur, avez-vous déjà trouvé votre mission de vie ? Quel est le fil rouge qui donne du sens, un cap, à l'ensemble de vos actions ? Souvenez-vous de la phrase de Sénèque, « Il n'est pas de vent favorable pour celui qui ne sait pas où il va ».

Une fois votre mission de vie trouvée, il est tellement plus facile d'y inscrire l'ensemble de vos actions ainsi que vos valeurs.

Je vous encourage à regarder le fil rouge qui relie vos comportements et, ainsi, découvrir le verbe ou le mot qui les relie. C'est tout le bien que je vous souhaite, vraiment.

Toute ma gratitude pour ce livre, cette magnifique catharsis

Vous ne pouvez pas imaginer, cher lecteur, combien cela a été cathartique d'écrire et de partager ma vie, mes défis et mes victoires. Je vous invite à faire de même. Cela m'a grandement aidée à prendre de la distance avec les faits, à réécrire parfois le passé, à pouvoir maintenant le recadrer, à cultiver mon apprentissage, à célébrer mon développement et à me considérer avec plus de bienveillance et de compassion.

J'ai partagé ces histoires pour illustrer que l'AMOUR est la clé pour vivre la vie dont nous rêvons et que nous méritons ; l'amour de soi sans lequel il n'est pas possible de bien vivre l'amour des autres. Dans cet ordre, nous sommes tous invités à croire, à faire confiance, à accepter et à aimer la belle personne que nous sommes. Je vous invite de tout mon cœur à prendre plaisir à vous aimer sans condition. C'est la clé du bonheur universel et véritable.

Je termine cet ouvrage par un souvenir qui m'a marquée durant de longues années. J'ai 28 ans et je me trouve alors dans les fameuses « petites rues de Manille », aux Philippines.

J'y ai fait escale, en route vers le Japon où m'envoie mon magazine. Je loge dans un hôtel miteux au milieu du port car, vu le cours du dollar, mon budget est vraiment très limité. À quai se trouve le célèbre porte-avions le *Clémenceau*… et ses milliers de marins avides de profiter de leur permission à terre. Me suivent quatre matelots qui ne savent pas que je comprends leur conversation. Ils sont en train d'émettre des remarques salaces sur mon arrière-train – mais ils utilisent un autre mot, bien évidemment. J'accélère le pas et me retrouve, en larmes, dans ma petite chambre, avec la lumière allumée pour que les cafards ne soient pas tentés de se promener sur mon lit. Je suis fâchée d'avoir fui. Je me sens tellement mal, me sens lâche de n'avoir pas eu de répartie, humiliée, rabaissée à un tas de chair, dénuée de personnalité, d'humanité…

Et si nous réécrivions l'histoire, à la lumière d'un véritable amour de soi et d'une confiance en nous désormais déployée ? Reprenons la même situation. Je suis donc suivie par quatre matelots fraîchement débarqués de leur porte-avions, à l'assaut des petites rues de Manille et de ses plaisirs. Grassouillette, je porte une jupe culotte qui laisse entrevoir mes formes et les entends commenter mon physique. Je poursuis ma marche pour me donner de la contenance et préparer ma réplique. Puis je me retourne : « Bonjour Messieurs. Vous savez, mon c** n'est censé intéresser qu'un seul homme sur cette planète, donc aucun d'entre vous. Cela ne doit pas être facile tous les jours de se retrouver bloqués sur un porte-avions. Des bras féminins vous manquent. Je comprends parfaitement votre envie de sexe et encore plus de douceur et de tendresse.

Je vous souhaite donc une jolie journée pleine de belles découvertes à Manille. Ah oui, entre nous, la prochaine fois que vous croisez une personne dans mon style, souvenez-vous qu'elle peut sans doute comprendre le français et qu'elle mérite d'être découverte en tant que personne, pas uniquement en tant que postérieur à votre goût ou non. Belle journée, ciao ! » Qui sait si nous ne serions pas allés prendre un verre ensemble et partager quelques souvenirs ?

Avec de l'entraînement, nous sommes tous capables d'assertivité. Nous sommes tous en mesure de nous défendre sans attaquer, simplement en montrant les limites de notre territoire et en invitant l'autre ou les autres au respect.

Quand on s'aime, la vie est tellement plus légère et joyeuse...

Avec gratitude et amour.

Sylviane, juin 2022, relu et actualisé en octobre 2023.

Réflexions sur l'autocoaching : C'est la vie !

Maintenant que vous avez lu ces histoires, je vous invite à réfléchir sur votre expérience de C'EST LA VIE !

- Dans quelle mesure ai-je tendance à accepter « ce qui est » ?
- Dans quelle mesure est-ce que j'accepte les possibilités d'apprentissage de la vie ?
- Dans quelle mesure suis-je en paix avec ma vie ?
- Quel genre de vie suis-je inspiré(e) à créer ?
- Qui/comment est-ce que je choisis d'être aujourd'hui ?

Bibliographie

Cannio, Sylviane. *Communiquer avec authenticité et rester vrai.* Eyrolles, 2009.

Cannio, Sylviane, et Viviane Launer. *Cas de coaching commentés.* 3ème édition. Eyrolles, 2020.

Cannio Sylviane, Carvalho Cicero et Yu. *Mentoring with a Coaching Attitude*, Open University Press/Mc Graw-Hill, 2023.

Coelho, Paulo. *L'Alchimiste.* J'Ai lu, 2021.

Csikszentmihalyi, Mihaly. *Vivre, La psychologie du bonheur.* Robert Laffont, 2004.

Echeverria, Rafael. *Ontologia del lenguaje.* Granica, 2018.

Gougaud, Henri. *Les sept plumes de l'aigle.* Seuil, 2002.

Hellinger, Bert, et Gabriele Ten Hövel. *Constellations familiales : comprendre les mécanismes des pathologies familiales.* Le Souffle d'Or, 2001.

Karpman, Stephen. *Le Triangle Dramatique, de la manipulation à la compassion.* Interéditions, 2020.

Katz, Mabel. *Mes réflexions sur le Ho'oponopono.* Le Dauphin Blanc, 2016.

Kim, W. Chan et Renée Mauborgne. *Blue Ocean Strategy.* Harvard Business School Press, 2006.

Kohlrieser, George. *Hostage at the Table.* John Wiley & Sons, 2006.

Lyubomirsky, Sonja. *Qu'est-ce qui nous rend vraiment heureux ?* Les Arènes, 2014.

Roth, Geneen. *Lorsque manger remplace aimer.* Éditions de l'Homme, 1999.

Ruiz, Don Miguel. *Les Quatre Accords Toltèques.* Jouvence, 1999.

Ruiz, Don Miguel, et Don Jose Ruiz. *Le cinquième accord toltèque : la voie vers la maîtrise de soi.* Poches Jouvence, 2010.

Seligman, Martin. *La Fabrique du Bonheur, Vivre les bienfaits de la psychologie positive au quotidien.* Interéditions, 2011.

Sheila. *Danse avec ta vie.* L'Archipel, 2013.

— . *Les bonheurs de la vie.* L'Archipel, 2016.

Tolle, Eckhard. *Nouvelle Terre.* Ariane, 2018.

Wohlleben, Peter. *La Vie secrète des arbres.* Les Arènes, 2017.

Zajde, Nathalie. *Enfants de survivants : La transmission du traumatisme chez les enfants des juifs.* Odile Jacob, 2005.

Annexes

Annexe 1

Qu'est-ce que le coaching ?

Le coaching est un partenariat continu qui accélère l'apprentissage, les performances et les progrès des clients dans leur vie personnelle et professionnelle. Le coach est le partenaire du client et l'accompagne dans sa réussite.

Lors de chaque séance, le client choisit le thème principal, tandis que le coach écoute, partage ses observations et pose ses questions. Cette interaction crée de la clarté et accélère les progrès du client en lui permettant de mieux se concentrer et de prendre conscience de ses choix. Le coaching se concentre sur la situation actuelle du client et sur ce qu'il est prêt à faire pour arriver là où il veut être demain (définition de l'International Coaching Federation).

Le but du coaching est d'approfondir l'apprentissage du client et de l'encourager à l'action.

Le coach utilise ses compétences en matière de coaching et crée un partenariat qui responsabilise le client. Ce processus :

- fournit et renforce la confiance et le sentiment de sécurité ;
- facilite la clarté et la découverte de soi ;
- génère des possibilités, des options ;

- aide le client à concevoir et à prendre des mesures efficaces ;
- aide le client à s'engager dans sa démarche ;
- aide le client à se responsabiliser ;
- permet au client de suivre ses progrès et fêter ses succès.

Les principes directeurs du coach pour un coaching efficace sont les suivants :

- faciliter la sagesse et la grandeur du client – le coach considère que son client est capable, créatif et ingénieux ;
- favoriser l'intégralité et l'équilibre du client ;
- viser l'objectif du client et respecter le processus ;
- se focaliser uniquement sur l'objectif du client ;
- suspendre tout jugement ;
- promouvoir une langue qui encourage et donne des ailes.

Enfin, le coaching est l'espace sacré de l'amour inconditionnel, où l'apprentissage, la croissance et la transformation se produisent naturellement.

Fran Fisher, Maître Coach Certifiée ICF

Annexe 2

Les positions de vie ou OK-corral[80]

Avec l'âge de raison, autour des sept ans, l'enfant est à même de se positionner face à son entourage. Il émet ses premières conclusions quant à sa « position de vie ». Il se positionne face à lui-même, aux autres et à son environnement, dans sa famille, son école, avec ses copains, et face au monde en général. C'est son postulat de base sur lui-même et les autres, qui va jusqu'à sa façon de concevoir le monde, bien au-delà de ses propres comportements. Cette croyance face à la vie se consolide jusqu'à l'adolescence.

Dire **« Je suis OK »**, c'est se sentir bien dans sa peau, quels que soient ses comportements. La personne est à la source de bien-être pour elle et pour les autres, et elle prend ses responsabilités en assumant les conséquences de ses actes.

Dire **« Je ne suis pas OK »**, c'est croire que l'on est « nul », donc fondamentalement mauvais et incapable. La personne se compare et trouve qu'elle ne vaut rien face aux autres, lesquels sont toujours mieux qu'elle. Ainsi, les autres sont « OK » tandis qu'elle est en position « non OK » et, du coup, développe un complexe d'infériorité.

---

[80] Concept de Franklin Ernst Jr *in* "The OK Corral : the Grid for Get-on-With", *Transactional Analysis Journal*, 1, 4, 1971 repris dans le livre *Cas de coaching commentés* – Sylviane Cannio et Viviane Launer, Eyrolles, 2020.

Dire **« Tu es OK »** revient à postuler que l'autre est source de bien-être pour lui-même et pour soi (il nous veut du bien). Cela ne veut pas dire que l'on accepte tout ce qu'il fait.

Dire **« Tu n'es pas OK »** revient à postuler que l'autre ne peut être que la source de mauvaises choses, d'erreurs. Si vous vous sentez « OK » et que les autres ne sont « pas OK », vous commencez à les mépriser, vous devenez arrogant, vous vous sentez supérieur et développez un complexe de supériorité.

Heureusement, personne n'est censé **« ne pas être OK** » dans un monde « pas OK ». Si c'était le cas, ces personnes seraient en dépression profonde ou montreraient des tendances suicidaires (fumer, boire, manger trop et mal, pratiquer des sports dangereux sans protection, etc.).

Je ne suis pas OK, tu es OK **– +** La personne vit tournée vers l'extérieur et se positionne souvent en victime. Elle se sent nulle et se compare continuellement aux autres qu'elle trouve meilleurs qu'elle.	**Je suis OK, tu es OK** **+ +** La personne apprend continuellement. Elle tire les leçons de ses expériences négatives et modélise ceux qui réussissent. Si un problème se pose à elle, elle analyse les options et elle agit. Elle franchit des montagnes.
Je ne suis pas OK, tu n'es pas OK **– –** La personne se trouve « nulle » dans un monde de « nuls ». Elle baisse les bras, abandonne. Plus elle échange, plus elle s'enfonce et les problèmes s'aggravent. Elle est incapable de demander de l'aide, n'exprime pas ses besoins et fuit souvent dans la dépression, la drogue…	**Je suis OK, tu n'es pas OK** **+ –** La personne ne se gêne pas pour rejeter la responsabilité de ses problèmes sur les autres ou sur les circonstances extérieures. Elle nie son problème. Elle croit qu'elle a toujours raison, et que les autres ont tort. Elle persécute l'autre et domine.

La position « Je suis OK, tu es OK » ou « + + » est la seule qui soit viable à long terme car elle permet de trouver des solutions, de façon apaisée, aux situations difficiles et aux conflits.

Nous pouvons tous nous trouver de façon temporaire en « non OK-ness », du fait d'une fatigue ou d'un découragement par exemple. L'important est de trouver les moyens de retrouver sa « OK-ness » le plus rapidement possible, notamment en modifiant notre état d'esprit, notre « mindset » (voir le chapitre « C'est la Vie »).

Enfin, soyons vigilants avec les personnes qui nous paraissent en position de supériorité (OK – non OK ou + –). Vérifions si cela ne cache pas un complexe d'infériorité maquillé en complexe de supériorité. Le moyen le plus simple est de leur glisser un petit mot de réconfort, de les mettre à l'aise, de dire que nous les apprécions. En général, elles changent immédiatement de comportement et se sentent apaisées.

Autre bonne nouvelle, il est toujours possible, grâce à un coaching, un mentorat ou, si le problème est plus profond, une psychothérapie, d'aider quelqu'un à récupérer sa position d'OK-ness.

Annexe 3

Le Triangle Dramatique

Le psychiatre américain Stephen Karpman[81], figure notoire de l'Analyse transactionnelle et disciple du Dr Eric Berne, s'est rendu compte que beaucoup de personnes se laissaient entraîner dans un jeu psychologique où elles vont tour à tour occuper le rôle de la victime, du persécuteur et du sauveur. Il l'a appelé le « triangle dramatique ».

Le triangle dramatique

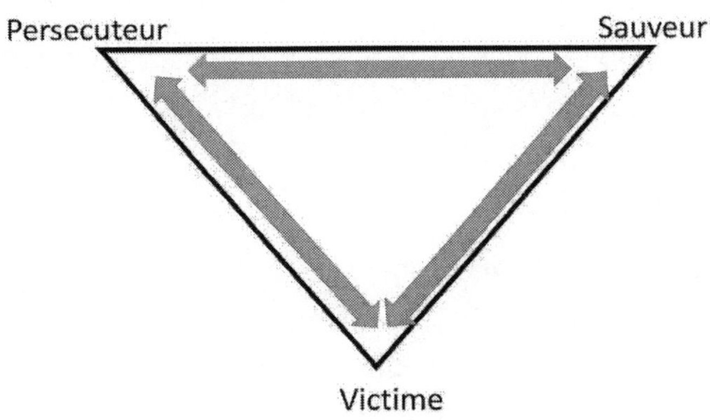

---

[81] Stephen Karpman, *Le Triangle Dramatique, de la manipulation à la compassion*, Interéditions, mars 2020. Les commentaires et exemples proviennent de mon livre *Communiquer avec Authenticité et Rester Vrai*, Eyrolles, 2009.

La **Victime** adore se plaindre et appelle à l'aide sans toujours formuler une demande claire. Avec un brin de confiance en elle, elle pourrait pourtant parfaitement arriver à sortir de son état.

Le **Persécuteur** est celui qui va haranguer/harceler la victime pour arriver à ses fins. Il manque d'assertivité et pourrait simplement exprimer ses besoins avec sûreté pour obtenir satisfaction.

Le **Sauveur** se « sent obligé » d'intervenir alors qu'il n'en a pas réellement envie et que la victime n'a pas exprimé de réelle demande d'aide. Son besoin de reconnaissance le pousse à intervenir malgré lui. Celui qui entre dans le stratagème en tant que Sauveur le termine généralement en tant que Victime. Il peut ensuite encore passer à la position du Persécuteur en reprochant à ses protégés leur ingratitude.

Exemple : vous portez secours à une femme qui se fait frapper par son homme. Vous tentez de calmer l'homme mais vous recevez un coup sur la tête de la femme qui vous crie : « Mon homme et moi on cause, ne t'en mêle pas ! »

Il y a quelque temps, une amie m'a demandé conseil à propos d'une relation qui l'ennuyait. J'aurais pu lui proposer d'intervenir – et devenir son Sauveur. Je lui ai plutôt demandé ce qu'il lui fallait pour se sentir mieux équipée et affronter la personne. Après quelques minutes, elle s'est rendu compte qu'elle n'avait pas donné suffisamment de feedback et de propositions claires et a décidé d'appeler la personne dans les plus brefs délais.

Si vous avez décelé que votre interlocuteur essaie de vous faire entrer dans un triangle dramatique, faites tout pour ne pas y entrer, donc refusez les rôles de Sauveur, de Persécuteur ou de Victime. Tel la mère ou le père qui dit à l'un de ses enfants : « Tu ferais bien de dire à ton frère d'arrêter de me parler sur ce ton. » S'il ne veut pas tomber dans le triangle dramatique, l'enfant devrait répondre : « Mais maman (ou papa), c'est à toi de lui parler. Ce sera beaucoup plus efficace et tu es bien mieux placé que moi et parfaitement capable de le faire. »

Si vous sentez que vous pouvez tomber dans l'un de ces trois rôles, mieux vaut vous poser les questions suivantes :

1. Quel est mon contrat ici avec cette personne ?
2. Quelle fonction suis-je supposé remplir ? Quelle mission ? Quel mandat ?
3. Ai-je accepté librement ce rôle en toute connaissance de cause ?
4. Suis-je contraint(e) à poursuivre mon action ? Et qu'adviendra-t-il si j'y renonce ?

Transformer un triangle dramatique en triangle vertueux

Si la personne occupe déjà le rôle du **Persécuteur**, c'est qu'elle éprouve un manque d'assertivité, qu'elle n'arrive pas à transformer son besoin en demande claire. Pour l'y amener, le meilleur moyen est de la faire sortir de sa position +/– (Je sais et l'autre doit m'obéir) pour lui faire adopter une position +/+ (je suis OK et l'autre aussi) et de lui faire exprimer sa demande :

1. Qu'avez-vous besoin de demander ?

2. À qui ?
3. Comment savez-vous que cette personne pourra répondre à votre demande ?

Si la personne occupe déjà le rôle de la **Victime**, elle a besoin de sortir de sa position –/+ (les autres sont mieux que moi car ils possèdent la solution que je n'ai pas, je n'arrive pas à m'en sortir sans eux). Elle doit donc être responsabilisée :

1. Que pouvez-vous mettre en place pour sortir de cette situation ?
2. Quelles sont vos options ?
3. Que décidez-vous et quand allez-vous mettre votre décision en œuvre ?
4. Avec qui, où, comment ?

Si la personne occupe déjà la place du **Sauveur**, elle doit sortir de sa position +/– (Moi, je sais et l'autre a besoin de moi) et avoir de l'empathie pour l'autre (elle est OK et moi aussi).

1. Quel est son problème ? Son émotion ? Sa souffrance ?
2. Quelle attitude puis-je prendre pour l'aider à résoudre elle-même le problème ? De quoi ai-je besoin pour maintenir la distance par rapport au problème et à l'émotion qu'il suscite ?
3. Si j'ai besoin de reconnaissance, quel autre moyen puis-je mettre en place pour l'obtenir ?

Annexe 4

Les Accords toltèques

Le peuple toltèque, précédant les Aztèques, au Mexique, avait conclu différents accords pour faciliter la vie en groupe. Bien qu'ils semblent simples, ces accords sont extrêmement difficiles à mettre en œuvre au quotidien et surtout à maintenir tels quels dans sa vie personnelle.

Transmis de façon orale, ces accords ont été trouvés, l'un après l'autre par le chaman Don Miguel Ruiz[82]. Il en a d'abord trouvé quatre, lesquels font l'objet de nombreux livres, jeux de cartes et autres outils de réflexion. Un cinquième a été trouvé en 2010 et a fait l'objet d'un nouveau livre écrit avec son fils Miguel.

Voici les cinq accords :

1. **Soyez impeccable dans votre parole**. « Parlez avec intégrité. Ne dites que ce que vous pensez. Évitez d'utiliser ce mot pour vous dénigrer ou pour faire des commérages sur les autres. Utilisez le pouvoir de votre parole dans le sens de la vérité et de l'amour. »

2. **Ne faites pas de suppositions**. « Trouvez le courage de poser des questions et d'exprimer ce que vous voulez vraiment. Communiquez avec les autres aussi

---

82 Don Miguel Ruiz : *Les Quatre Accords Toltèques*, Jouvence, 1999. Don Miguel Ruiz et Don Jose Ruiz, Le cinquième accord toltèque : la voie vers la maîtrise de soi, Poches Jouvence, 2010

clairement que possible pour éviter les malentendus, la tristesse et le drame. Avec ce seul accord, vous pouvez complètement transformer votre vie. »

3. **Ne prenez rien personnellement.** « Rien de ce que font les autres n'est à cause de vous. Ce que les autres disent et font est une projection de leur propre réalité, de leur propre rêve. Si vous êtes immunisé contre les opinions et les actions des autres, vous ne serez pas victime de souffrances inutiles. »

4. **Faites toujours de votre mieux**. « Votre mieux va changer d'un moment à l'autre ; il sera différent lorsque vous serez en bonne santé par opposition à malade. En toutes circonstances, faites simplement de votre mieux, et vous éviterez de vous juger, de vous maltraiter et de regretter. »

5. **Soyez sceptique mais apprenez à écouter.** : « Soyez sceptique, mais apprenez à écouter. Ne vous croyez pas vous-même, ni personne d'autre. Utilisez la force du doute pour remettre en question tout ce que vous entendez : est-ce vraiment la vérité ? »

Annexe 5

CYRANO : transformer la peur en actions courageuses

Voici le modèle que j'ai présenté à la conférence globale de l'EMCC en mai 2021. Il permet de juguler le côté irrationnel de la peur et de transformer celle-ci en actions courageuses. Il a été conçu en anglais en utilisant l'acronyme Cyrano tiré du célèbre Cyrano de Bergerac, le magnifique bretteur créé par Edmond Rostand dans sa pièce de théâtre éponyme.

D'abord faire la différence entre une émotion et une humeur

Une ÉMOTION (é-motion) dure quelques secondes, en tout cas moins d'une minute, et se traduit par des modifications physiologiques : mains moites, pupilles dilatées, sueurs froides, prostration, etc. Et dans un second temps par un impact mental : je pense que cette chose à huit pattes, dite araignée, est dangereuse pour moi car je sais (niveau cognitif) qu'elle est venimeuse.

Dès que ces secondes sont passées, nous sommes face à une décision, à savoir conserver cet état physique/mental ou passer outre. Si nous restons calés dans la peur, de façon consciente, nous passons de l'émotion à l'HUMEUR.

Le modèle CYRANO : un protocole pour neutraliser le côté irrationnel de la peur

En fait, rien ne sert de vouloir éliminer l'émotion – elle est physique avant tout. Notre pouvoir s'applique au côté irrationnel de la peur, à savoir ce qui peut être raisonné de façon consciente. Or, l'irrationnel peut atteindre les 95 %. Nous allons donc diminuer ce côté irrationnel pour ne conserver que le côté rationnel, donc environ 5 %, et transformer celui-ci en besoins, objectifs et actions.

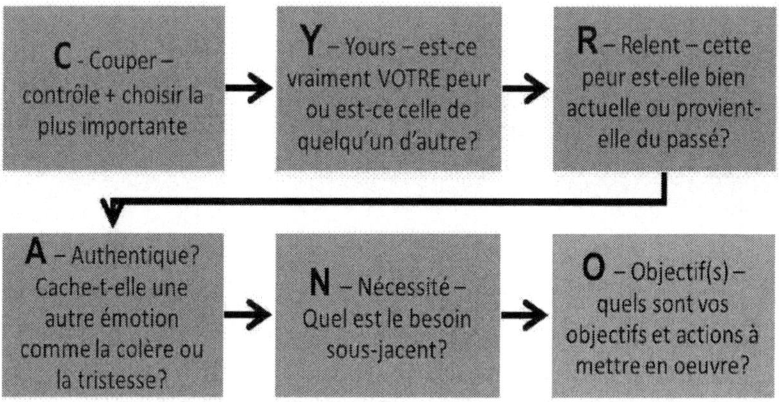

*Étape 1 : **C** – Réduire, couper et contrôler votre peur en sous-catégories*

Découpez votre peur en sous-peurs et vérifiez si vous pouvez les contrôler. Ensuite, sélectionnez la plus grande, celle qui vous affecte le plus et commencez par elle.

Je prends deux exemples frappants pour vous expliquer ce concept :

Exemple n° 1 : la peur de la mort. À y regarder de plus près, ce n'est pas tant la mort que l'on craint mais plutôt la douleur, le manque de temps pour finaliser projets et documents, ou pour dire adieu à ses proches. Beaucoup de personnes craignent également d'être enterrées vivantes.

Exemple n° 2 : je dois me faire placer un implant dentaire, cela me fait peur. Si l'on coupe cette peur en morceaux, cela donne : peur de la douleur, d'avoir une joue enflée ou un hématome qui durerait plusieurs jours ou semaines, problème technique ou financier lors du paiement de la prestation à la clinique dentaire et impact sur ma productivité dans les jours qui suivent en raison d'un manque de concentration. Toutes ces conséquences sont la suite logique d'une décision qui est sous mon contrôle : me faire poser un implant dentaire.

Vérifiez que ces sous-peurs sont bien sous votre contrôle. Ne passez pas votre énergie à vouloir contrôler un niveau d'imposition d'un bien ou d'une activité professionnelle, une décision de l'État sur votre secteur d'activité ou l'évolution de la Covid-19. Mieux vaut lâcher prise et se concentrer sur les éléments qui sont à 100 % sous notre contrôle.

*Étape 2 : **Y** pour Yours – Cette peur est-elle vraiment la vôtre ou l'avez-vous importée de quelqu'un d'autre ?*

Après le découpage, attaquons-nous à la sous-peur qui a le plus d'impact, la PLUS GRANDE et demandons-nous si elle est vraiment la nôtre.

La peur est contagieuse et pernicieuse en ce sens qu'elle nous pénètre sans que nous sachions vraiment d'où elle provient.

Comme cette coach qui, en supervision, m'a confié qu'elle avait été très affectée par la détresse d'une cliente victime d'un cancer. « Je me suis sentie bloquée, paralysée, complètement inutile et incapable de poser la moindre question percutante. » Je lui ai demandé ce qui générait cet état d'esprit et elle m'a répondu qu'elle avait connu le même type de cancer dans le passé et qu'elle craignait une récidive. Je lui ai alors demandé quels étaient les symptômes de ce type de cancer, et elle me les a décrits tout en précisant qu'elle n'en avait aucun. Je lui ai dès lors fait prendre conscience que sa peur n'était pas la sienne : « Qu'est-ce qui te fait penser que tu pourrais être en récidive alors que tu ne présentes aucun symptôme ; penses-tu que cette peur soit bien la tienne ? »

Une autre collègue m'a raconté qu'elle avait demandé à son compagnon de quitter la salle d'attente d'un hôpital alors qu'elle attendait son traitement. « Je te demande de partir ; je n'ai pas peur du traitement et ne veux pas importer ta peur. » C'était la réaction parfaite pour qu'elle puisse maintenir son niveau d'énergie et son moral élevés.

Le principe de l'importation de la peur est magnifiquement illustré par les films d'horreur. Ce n'est pas le spectateur en train d'absorber ses pop-corn qui est menacé par un monstre, un vampire ou une tronçonneuse, mais bien l'acteur à l'écran. Pourtant, c'est le spectateur qui frissonne, qui a les mains moites, et parfois même qui crie.

*Étape 3 : **R** – Relent – Est-ce un effet du passé ?*

Cette peur est-elle d'aujourd'hui ou du passé ? C'est la notion de « sentiment élastique », qui nous ramène vers le passé, un principe bien connu en Analyse transactionnelle.

C'est typique des personnes qui paniquent à l'idée de parler en public. En fait, elles restent généralement coincées sur une impression d'échec qui remonte loin dans leur passé. Posez la question et vous verrez que beaucoup de personnes précisent qu'il s'agit d'un « ratage » à l'école, très souvent lors d'une élocution durant leur adolescence. Le traumatisme provient d'une perception d'humiliation due aux rires des autres élèves face à une prostration, un bégaiement, une erreur ou une remontrance du professeur. Or, il suffit de faire prendre conscience que la peur est archaïque et non liée au présent pour que la personne puisse s'en détacher. Le recadrage s'opère au travers de quelques questions du type : « Pensez-vous que vos collègues sont comme les élèves de l'époque, à rechercher l'occasion de s'amuser durant un cours ennuyeux ou parce qu'eux-mêmes se trouvaient en difficulté ? Est-ce que vos collègues d'aujourd'hui ont 11 ou 15 ans et affichent les mêmes centres d'intérêt ?

Que cherchent-ils aujourd'hui, à vous humilier ou à recevoir de l'information ? », etc. Tentez ce genre de questions et vous verrez comme il est facile de ramener la personne (ou vous-même) à la réalité actuelle.

Étape 4 : ***A*** *– Votre peur est-elle une émotion authentique ?*

Ma peur est-elle vraiment authentique ? Est-ce qu'elle cache une ou deux autres émotions ?

Comme cela peut être le cas pour d'autres émotions – joie, colère, tristesse, dégoût, etc. – la peur peut-elle être remplacée par une autre émotion ou peut également remplacer une autre émotion ?

Ici, il y a des effets de genre et des effets culturels sur l'expression de la peur.

Dans de nombreuses cultures patriarcales, les jeunes garçons sont éduqués de telle manière qu'ils doivent toujours prouver leur force. Ils doivent cacher toute vulnérabilité, car la croyance veut qu'elle soit considérée comme une faiblesse. Souvenez-vous du poème « If » de Rudyard Kipling que des générations de garçons ont dû connaître par cœur pour entrer dans le mouvement scout. En conséquence, de nombreux hommes ont appris qu'il est plus viril de se mettre en colère que d'exprimer une peur ou une tristesse.

De même, les jeunes filles ont été éduquées pendant des siècles avec la croyance qu'elles devaient être plus féminines lorsqu'elles exprimaient une émotion, que les larmes étaient plus acceptables que la colère et que celles-ci permettaient d'attirer l'attention et la protection de leur papa et, plus tard, des hommes.

Les questions, dans ce cas-ci, sont les suivantes : « S'agit-il d'un masque ? Quelle est l'émotion véritable ? Suis-je réellement fidèle à moi-même en agissant ainsi ? »

Ces questions permettent d'effectuer le tri entre les émotions et de les traiter une par une.

*Étape 5 : **N** – Nécessité – Quel est le besoin sous-jacent ?*

Passons à la seconde partie du protocole. Une fois les filtres passés, seule la partie rationnelle de la peur devrait encore perdurer. Elle permet de nous demander : « Quel est le besoin qui se cache sous la peur ? ». Cette question s'applique à toutes les sous-peurs (découpage en morceaux) qui ont été déterminées à l'étape 1.

Une véritable PEUR est un BESOIN d'assurance quant aux événements futurs. Dès qu'un besoin se fait jour, nous pouvons assister à un changement d'énergie car la personne commence à voir le bout du tunnel, la lumière, la réponse.

Ai-je peur de la douleur ? Comment puis-je obtenir des analgésiques pour le moment de mon opération ?

Ai-je peur de ne pas avoir assez d'argent sur ma carte bancaire ? J'ai besoin de transférer suffisamment d'argent sur mon compte bancaire pour m'assurer que la carte sera chargée, mais aussi de m'assurer que sa limite est suffisamment élevée pour garantir le paiement d'un montant plus important.

Dois-je craindre d'avoir une joue gonflée et un hématome ? Planifions la chirurgie dentaire à une période où je peux rester tranquillement chez moi, etc.

*Étape 6 : **O** – Objectif – Quels sont les objectifs et actions courageuses qui permettent d'aller de l'avant ?*

C'est le moment de transformer le besoin en objectifs et en actions :

- Quel est mon premier objectif ?
- Quel est mon plan d'actions – Pour quand ? Quelles seront mes ressources, internes, externes ?
- Quel est mon deuxième objectif ? Et ainsi de suite.

Il reste une toute dernière étape : s'assurer que votre action COURAGEUSE possède la bonne taille. En d'autres termes, s'assurer que les moyens correspondent aux attentes.

Gravir une montagne commence par un premier pas. Même chose pour les objectifs : ils doivent avoir la bonne taille et être sous notre contrôle.

Dernier point et non des moindres : fêtez votre succès ! Vous avez réussi ! Vous avez surmonté votre peur, et vous avez fait preuve d'audace et de courage pour en trouver l'issue favorable. Félicitations !

Vos prochaines étapes

Maintenant que vous avez découvert plein de choses sur vous-même et toute une série de techniques pour apprendre à augmenter votre estime de soi et votre amour inconditionnel, je vous invite à visiter mon site internet : https://canniocoaching.org/ma-valeur-personnelle/

Vous pourrez recevoir gratuitement les liens vers des clips vidéo sur le thème :

"Mini-cours vidéo :

7 jours pour redécouvrir votre valeur personnelle"

La série reprend certains thèmes contenus dans ce livre et d'autres encore, notamment :

Comment augmenter sa confiance en soi ?

Comment activer sa capacité à pardonner ?

Comment arriver à recevoir des feedbacks sans se sentir accusé(e) ni blâmé(e)

Comment maintenir son OK-ness en toutes circonstances ?

Pratiquer les accords toltèques au quotidien

Maintenir un 'mindset' positif

Et bien d'autres choses très utiles.

A très vite !

Remerciements

J’ai tellement de gratitude à exprimer que je ne sais où commencer…

Au risque de vous étonner, je vais commencer par tous ceux qui m’ont donné du fil à retordre – amours m’ayant trompée, amis m’ayant trahi, anciens partenaires d’affaires non congruents et pas toujours honnêtes. Ce sont eux qui m’ont fait franchir les plus grands sauts quantiques – c’est en temps de crise que les évolutions sont les plus spectaculaires.

Mais je n’aurais pas été apte à m’aimer enfin si je n’avais pas été entourée d’ami(e)s fidèles, notamment Maggy, Monique L., Jacques et Michel en Belgique, Evelyne à Genève, Sorin en Roumanie de même que Mamita Margarita (paix à son âme), Angelo et Pablo à Cieneguilla (Pérou).

Un clin d’œil chaleureux aux membres de mon adorable famille enfin unie et en paix : mes frères Philippe et Gérard, mes cousin(e)s Serge et Martine, ma cuñada-belle-sœur Valérie, mon filleul Jérémy et ma nièce Florence, …

Un merci complice à mon compagnon Olivier. Nous étions ensemble à l'université et nous sommes retrouvés plus de quarante ans après. Magnifiquement imparfaits, nous nous sommes acceptés sans condition, même si le chemin vers le 'modus vivendi' (vivre ensemble) implique beaucoup d’eau dans nos verres de vin respectifs.

Ma mère, à laquelle je rends hommage, m'a souvent montré des contre-exemples de l'expression du bonheur mais c'est à elle que je dois mon éveil à la culture, une éducation raffinée et de nombreux voyages. Elle aura toujours été là pour moi et je l'en remercie. Qu'elle soit en paix, le 25 mai 2022, elle aurait eu cent ans !

J'ai aussi été entourée de mentors exceptionnels : Sheila depuis mon adolescence puis Simone Veil qui m'ont servi d'exemple de résilience et de détermination, des femmes exceptionnelles. Puis Sharon Janssen et Fran Fisher, mes mentores professionnelles actuelles.

Aujourd'hui, je côtoie des collègues de grande valeur humaine dans le cadre des projets internationaux – mentoring, supervision, transmission des connaissances tacites, écriture de livres en commun – et dans les fédérations. Impossible de les citer tous, évidemment. Ce sont de très belles personnes avec lesquelles j'apprends beaucoup et qui m'offrent une merveilleuse émulation intellectuelle.

Je voudrais également remercier chaleureusement l'ensemble des clients qui me font ou m'ont fait confiance en tant que coach, mentor ou formatrice. Ce sont mes héros et chacune de leurs histoires m'a fait grandir.

Je remercie Philippe Eveilleau (www.inforeole.fr) et son équipe pour la qualité des conseils à la publication et à la promotion de cet ouvrage.

Enfin, je suis d'une infinie gratitude à l'égard de mon fils pour son soutien et sa foi inconditionnels en moi. Je t'aime de tout mon cœur, mon Jason.

Table des matières

Printed in France by Amazon
Brétigny-sur-Orge, FR

20482603R00156